管理職なら知っておかないとまずい！　労務管理テキ

法改正による変更点（2024 年 4 月 1 日現在）

※下線部が変更箇所

UNIT2　労働安全衛生

パワーハラスメント

■　**P46　下から 3 行目**

　大企業は 2020 年 6 月 1 日から施行されており、中小企業は 2022 年 4 月 1 日から施行されました。

■　**P88　上から 1 行目**

　（表）時間外労働の上限の適用が猶予されていた事業・業務の 2024 年 4 月 1 日からの時間外労働の上限

自動車運転の業務	時間外労働の上限は年間 960 時間。なお、時間外労働と休日労働の合計について、月 100 時間未満、2〜6 か月平均 80 時間以内とする規制と、時間外労働が月 45 時間を超えることができるのは年 6 か月までとする規制は適用されない
建設事業	時間外労働の上限規制が適用。ただし、災害の復旧・復興の事業に関しては、時間外労働と休日労働の合計が、月 100 時間未満、2〜6 か月平均 80 時間以内とする規制は適用しない
医師	上限は年間 960 時間。上限をやむを得ず超えてしまう場合、都道府県が、地域の医療提供体制に照らし、各医療機関の労務管理体制を確認した上で、医療機関の指定を行うことで、その上限を年 1,860 時間とする
鹿児島県および沖縄県における砂糖製造業	時間外労働の上限規制が適用
新技術・新商品の研究開発業務	医師の面接指導、…されない

以上

第一法規株式会社

〒107-8560　東京都港区南青山 2-11-17

ＴＥＬ：0120-203-694　ＦＡＸ：0120-302-640

管理職なら知って
おかないとまずい！

労務管理
テキストブック

弁護士 江上千惠子

第一法規

はじめに

　我が国の社会は、少子高齢化の進行や、雇用のミスマッチ等の要因により、労働力不足が懸念されています。そのような中、働き方改革関連法の成立や、新型コロナウイルス感染症の流行に伴い、働き方が大きく変わろうとしています。

　特に、長時間労働の是正や、パート・有期雇用労働者や派遣労働者に均衡・均等待遇を図る等、働きやすさを向上させて労働力を確保するために、2018年に成立した働き方改革関連法では、時間外労働の上限規制の導入や年次有給休暇の取得義務化等、労務管理に影響のある法改正が多数なされました。

　職場の管理職は、法改正知識を含む最新の法律知識を理解し、裁判例等の情報を知り、労務関係のトラブルを防ぎ、また、発生してしまったトラブルを解決するために、適切な対応を求められています。

　本書は、主に管理職の方向けに、労務管理に必須の労働関係法の基礎知識や実務上の対応方法等を、事例に沿ってできるだけわかりやすく解説し、実務的に重要な裁判例を紹介したものです。

　執筆者は、本書が管理職等の方々にとって新しい時代に即応した手引きとなること、本書を基に働きやすい職場環境がつくられることを心から願っております。

　なお、第一法規株式会社出版編集局の三田村可里奈氏には、当職原稿について忌憚のない指摘をして貰い、細やかで行き届いた編集作業をして頂いたことに心から感謝しています。

2021年2月

弁護士　江上千惠子

本テキストについて

　職場環境の整備や労働時間管理など、管理職が行う労務管理は、適切に管理が行われなければ、法令違反・人材の流出など、様々な弊害が生じ得ます。

　本テキストは、企業で働く管理職のみなさんが、日々多忙な中でも、適切に労務管理を行えるように、労務管理を解説するテキストです。まず、管理職として実際に悩みがちな事例があって、その後、そのテーマに関する基本解説、そして知識を得たうえでの事例検討・回答を記しています。そこから、労務管理に必要な知識や実際にすべきこと等を理解できます。

　UNIT１では、労務管理の基礎であり、以降のUNITの内容を理解するうえで前提となる「労働契約」について学びます。

　UNIT２では、職場環境など、管理職が重要な役割を担う「労働安全衛生」について学びます。

　UNIT３では、部下の労働時間を管理するうえで知っておくべき「労働時間」に関するルールについて学びます。

　UNIT４では、労働時間を管理し、部下の健康状況にも気を配るうえで重要な「休日・休暇」について学びます。

　UNIT５では、多様な人が多様な働き方で働く職場をまとめる管理職として、理解が必須である「働き方と働く人の多様性」について学びます。

管理職の位置づけについて

　本テキストでは、法令で義務づけられている対象などは、法令の表記に基づいて表記しています（例：労働基準法等＝「使用者」、労働安全衛生法＝「事業者」）。

　使用者・事業者とは、つまり企業であるから、法令の定める義務や責任も負うのは企業だと考える方もいるかもしれませんが、管理職の方も、無関係ではありません。

　責任主体としての「使用者」には、現実の職責を負っている部長や課長等が含まれるため、管理職にも、使用者としての責任追及がなされる場合があります。この点に留意してください。

本テキストの読み方

　本文中の法令・裁判例などの記載は、原則、略称を用いています。

法令略称一覧（本文記載順）

法令名称	法令略称
労働基準法	労基法
労働契約法	労契法
働き方改革を推進するための関係法律の整備に関する法律	働き方改革関連法
雇用の分野における男女の均等な機会及び待遇の確保等に関する法律	男女雇用機会均等法
労働安全衛生法	安衛法
育児休業、介護休業等育児又は家族介護を行う労働者の福祉に関する法律	育児・介護休業法
短時間労働者及び有期雇用労働者の雇用管理の改善等に関する法律	パートタイム・有期雇用労働法
高年齢者等の雇用の安定等に関する法律	高年齢者雇用安定法
労働者災害補償保険法	労災保険法
労働施策の総合的な推進並びに労働者の雇用の安定及び職業生活の充実等に関する法律	労働施策総合推進法
労働安全衛生規則	安衛則
障害者の雇用の促進等に関する法律	障害者雇用促進法

裁判例略称一覧

名称	略称
最高裁判所判決	最判
○○高等裁判所判決／決定	○○高判／決
○○地方裁判所判決／決定 ○○地方裁判所○○支部判決／決定	○○地判／決 ○○地○○支判／決

理解度確認テスト

　巻末には、本テキストを読み終えた後の理解度を確認できるテストを用意しています。答えと解説は、以下よりダウンロードできます。

　【URL】https://www.daiichihoki.co.jp/homu/roumutext/index.html

　【QR コード】

　上記サイトからは、データオリジナルのテストもダウンロードできます。理解を深めるために、是非ご活用ください。

CONTENTS

UNIT 4　休日・休暇

UNIT 5　働き方と働く人の多様性

理解度確認テスト

とある企業の屋上庭園で飼われている子ヤギ。
働く人たちがたびたび訪れては癒されています。その中には、これから管理職になろうとしている人たちの姿も…。

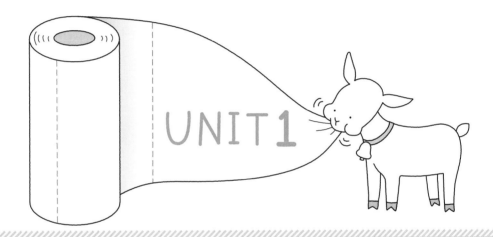

UNIT1

労働契約

労働契約

《この事例で学習するポイント》

❶ 労働契約の成立により生じる労使双方の義務を理解する

❷ 労働契約上、問題のある行為がみられる部下に対しての対応方法を知る

《事例》

　部下が、労働時間中に会社貸与のスマートフォンを使って、私的な SNS アカウントに投稿したり、私的なメールのやり取りをしていました。上司として、どのように指導したらよいのでしょうか。

《解説》

1　基本解説

1)　労働契約の成立

　労働契約は、労働者と使用者（以下「労使」）が締結するもので、労働者が使用者に使用されて労働し、使用者がこれに対して賃金を支払うことについて、労使が合意することで成立します。

　労働契約の際は、使用者が、労基法の規定に基づいて、契約期間・業務内容・賃金など所定の労働条件を、労働者に書面で明示する必要があります。また、義務ではありませんが、後々トラブルになることを防ぐ目的で、労働条件の明示と共に、労働（雇用）契約書を取り交わす場合もあります。

　労働契約が成立すると、労働者が健康で安全に働き、使用者が事業活動を続けられるように、労使双方に労契法・労基法などの法令が適用され、様々な義務や規制が生じます。

2)　労働契約の基本原則

　労契法では、個別労働紛争の防止と労働者の保護を図ることで労働関係の安定につ

ながるよう、次のような労働契約の基本原則などを定めています。

❶ 労使対等の原則

　労働契約の締結・変更は、労使間の対等な立場で合意する必要があります。

❷ 均衡考慮の原則

　労働契約の締結・変更は、正規社員か契約社員かなどの雇用形態ではなく、就業の実態によって、均衡を考慮する必要があります。

❸ 仕事と生活の調和の原則

　労働契約の締結・変更は、育児や介護など、生活との調和（ワークライフバランス）に配慮する必要があります。

❹ 信義誠実の原則

　労使は、労働契約を遵守するとともに、信義に従い、誠実に権利を行使し、義務を履行しなければなりません。

（表）使用者と労働者それぞれの権利と義務

使用者	権利	・業務命令権 　事業遂行上必要かつ相当な範囲内でのみ労働者の人格や自由を拘束し、労働者に対し業務上の命令・指示をする ・施設管理権 　施設や設備の利用方法を決定する
	義務	・安全配慮義務 　労働者の安全・衛生・健康面に配慮しなければならない ・解雇回避努力義務 　希望退職者の募集や労働時間の短縮等を検討・実施し、使用者の都合による整理解雇を回避するよう努めなければならない ・賃金支払義務 　労基法の定めに則り労働の対価として賃金を支払わなければならない
労働者	権利	・賃金請求権 　所定時間外の労働分も含め、賃金の支払いに不足がある場合、支払いを求める
	義務	・営業秘密の保持義務 　職務上知った秘密を外部に漏らしてはならない ・競業避止義務 　競合他社と兼業・競合する会社を起業する際、営業ノウハウや顧客名簿等の会社情報を利用してはならない ・誠実労働義務 　使用者の名誉・信用を棄損するような言動をしてはならない ・職務専念義務 　労働時間中は職務に専念しなければならない

❺権利濫用の禁止の原則

　　労使は、労働契約に基づく権利の行使にあたって、権利を濫用してはなりません。

3）労働契約が成立しているかの判断が難しい場合

❶採用内定

　　採用内定から入社までの期間は、使用者が一定の場合に解約する権利をもつ労働契約が成立します。内定者が労働契約開始時期までに学校を卒業できなかったなど、社会通念上相当な事由がある場合、使用者は解約権を行使できます。

❷試用期間

　　試用期間を設けた労働契約は、労働契約締結と同時に雇用の効力が確定し、使用者が一定の場合に解約する権利をもつ労働契約が成立します。試用期間中における調査・観察により、労働者の経歴詐称や出勤率不良等の理由で、労働者として不適格であるなど、客観的・合理的な理由が存在し、社会通念上相当と認められる場合、使用者は解約権を行使できます。

4）労働契約と就業規則・労働協約との関係

　　労働契約の詳細な内容は、就業規則・労働協約で定めた労働条件による場合が多くあります。ただし、労働者によっては、個別の労働契約で、就業規則・労働協約の内容と異なる労働条件を合意することがあります。この場合、どちらの労働条件が優先されるか等の法的関係については、次のとおりです。

❶就業規則

　　就業規則とは、使用者が、労基法等に基づいて、労働条件等を詳細に定めたもののことです。個別の労働契約で、就業規則の内容と異なる労働条件を合意している部分については、この合意が優先されます。ただし、就業規則で定める基準に達しない労働条件の場合、その部分については無効となり、無効となった部分は就業規則で定める基準によります。

　　就業規則で定める労働条件が、法令または労働協約に反している場合、その労働条件は、労働契約の内容とはなりません。

❷労働協約

　　労働協約とは、労働組合と使用者間での労働条件その他に関する合意で、書面に作成し、両当事者が記名等したもののことです。労働組合と使用者の記名等による合意があるため、使用者が作成する就業規則よりも、効力上優位に立ちます。

　　労働協約で定める労働条件が法令に反している場合、その労働条件は労働契約の内容とはなりません。

　なお、労使協定と混同されることがありますが、労使協定は、使用者と労働者の過半数を代表する者が締結する就業規則の特則のことです（例：36協定）。

2　労働時間中に私的行為をしている部下への対応（事例回答）

　労契法で規定されているように、労働者は、信義誠実の原則に従って、職務に専念する義務（職務専念義務）があります。労働時間中に、会社が貸与しているスマートフォンなどの情報機器を使って、SNS投稿やメールやり取りなどの私的行為をすることは、原則として、この義務に違反します。多数回もしくは長時間に及んだり、会社貸与の情報機器を使ったことでそこから会社の秘密情報が漏洩した場合などは、懲戒処分の可能性もあり、後記3のように懲戒解雇という厳しい処分が認められた裁判例もあります。

　このような問題行動を認識した場合、上司としては、部下へ注意・指導をするべきです。放置すれば、監督責任を問われることもあるので、注意が必要です。

　まずは、会社が貸与している情報機器の私的利用や、勤務時間中の私物情報機器の私的利用に関し、自社の就業規則・労働協約等で規定されているか確認しましょう。

　以下は、規定されている場合・されていない場合それぞれの望ましい対応方法です。注意・指導をする際は、部下が問題行為をしているからといって「高圧的・感情的になる」「事実確認をせず一方的に怒る」「人前で叱責する」ことのないよう留意してください。

（表）情報機器の私的利用に関する望ましい対応方法

就業規則等で規定されている場合	部下に、規定内容を示したうえで、注意・指導する。 なお、規定されていても、自社の実情に合ったきめ細やかな規定を設けているのか、運用がきちんとなされているのか、労働者全員に周知がなされているのかを確認し、不十分な場合には人事労務担当等へ連絡し、連携を取り、規定の見直しを含めて、申入れをすることが望ましい
就業規則等で規定されていない場合	部下に、自社の規定はなくとも問題性の高い行為であることを伝えたうえで、注意・指導する。 なお、規定されていないことについては、人事労務担当等へ連絡し、就業規則等で定めるよう提言して、きちんとした規定がない状態では、上司として部下に対し、十分な指導監督ができないことを訴えるべきである

　規定の有無を問わず、事例のような部下の行為は、職務専念義務違反の他にも、営業秘密を漏らす等の守秘義務違反等、労働契約の基本原則や、原則を基に就業規則などで定める服務規律違反につながりかねません。重大な問題になる前に、注意・指

導をすることは、結果的に部下を守ることにもなります。

3 過度の私的なチャット利用等を理由とした懲戒解雇の有効性を判断した裁判例

ドリームエクスチェンジ事件──東京地判平28.12.28

【事案の概要】

Y社では、従業員が社内での業務連絡のため、常時パソコンでチャットを利用していましたが、インターネットの利用に関して、利用規則を定めていませんでした。Y社従業員Xは、業務中、約7か月間に5万回以上、1日あたり約2時間にわたり、社内のチャットにおいて、①秘密情報として管理されていたY社顧客情報を「持ち出すべき」と意見、②Y社は「確実に潰れる」等発言、③直属の部下を繰り返し誹謗中傷、④女性社員を性的に誹謗中傷していました。これらを受け、Y社がXを服務規律違反として懲戒解雇処分としたところ、Xは、懲戒解雇無効確認と未払い賃金請求等を求めてY社を提訴しました。

【裁判所の判断】

裁判所は、懲戒解雇の有効性に関して、「労働契約は、労働者が使用者に使用されて労働し、使用者がこれに対して賃金を支払うことを内容とする契約であるから、労働者は、基本的な義務として、使用者の指揮命令に服しつつ職務を誠実に遂行する義務を負い、労働時間中は職務に専念し他の私的活動を差し控える義務を負っている。したがって、業務時間中に私的なチャットを行った場合、この職務専念義務に反することになる。もっとも（中略）チャットの時間、頻度、上司や同僚の利用状況、事前の注意指導及び処分歴の有無等に照らして、社会通念上相当な範囲内といえるものについては職務専念義務に反しない」としたうえで、本件について「社会通念上、社内で許される私語の範囲を逸脱したものと言わざるを得ず、職務専念義務に違反するものというべきである。（中略）その行為は悪質であるというほかない」と判示し、懲戒解雇は客観的に合理的な理由があり、社会通念上相当であるとしました。

ただし、私語として許容される範囲のチャットや業務遂行と並行して行っている

チャットが渾然一体となっている面があり、使用者が「社内チャットの運用が適正になされるよう適切に業務命令権を行使することができたにもかかわらず、これを行使しなかった結果と言わざるを得ない」として、チャットの私的利用を行っていた時間は労基法上の労働時間にあたるとしました。

【ここに注目！】

　所定労働時間内に職務専念義務に違反するチャットを繰り返していた時間について、企業が賃金を支払う義務を負うとの判断に、抵抗を感じる方も多いかと思われますが、この判断から、企業や上司にとって、服務規律などの規則の整備と、これに基づく労務管理が重要であることがよくわかります。

CHECK LISTS

- ☐ 労働契約は、労働者が使用者に使用されて労働し、使用者がこれに対して賃金を支払うことについて、労使が合意することで成立する

- ☐ 労働契約が成立すると、労使双方に労契法・労基法などの法令が適用され、様々な義務や規制が生じる

- ☐ 労働者が労働時間中に、業務に専念せず、私的行為をすることは、職務専念義務に違反し、懲戒処分の対象となる可能性がある

- ☐ 部下の守秘義務違反などの問題行為を認識した場合、重大な問題になる前に注意・指導することは、結果的に部下を守ることにもなる

雇用形態

《この事例で学習するポイント》

❶ 雇用形態の種類とその労働契約関係を理解する
❷ 業務の割り振りや指揮命令をする際に、雇用形態によって異なる業務範囲や指揮命令系統などを十分に理解する

《事例》

繁忙期で業務が回らず困っていたところ、派遣労働者のＡさんが「手伝いましょうか？」と声をかけてくださいました。契約業務ではない仕事なのですが、本人の同意や申出があれば、頼んでも問題ないでしょうか。

《解説》

1 基本解説

1) 雇用形態の種類

社会では、様々な雇用形態の人が働いています。そして、雇用形態ごとに、所定の労働時間や労働契約の締結先（雇用関係）、労働者を保護するため労働関係法[1]で規定されている事業主の責任の適用のされ方などが異なります。

2019年から施行されている働き方改革関連法では、雇用形態の違いで不合理な待遇差を設けることが禁止されています（詳細は14頁参照）。そのため、事業主・管理職は、雇用形態による法律上の差異を理解し、遵守したうえで、働き方改革関連法に基づき雇用形態にかかわらない公正な待遇を確保する必要があります。

大きく分けて、正規社員・非正規社員と分類されることが多いですが、ここでは非正規社員の主な雇用形態について解説していきます。

◆1　労契法、労基法、男女雇用機会均等法、最低賃金法、安衛法、育児・介護休業法など、労働に関する法律の総称

2）派遣労働者

❶派遣労働者とは

労働者派遣により、派遣先で業務に従事する労働者を「派遣労働者」といいます。労働者派遣とは、派遣元事業主（以下「派遣元」）が、自己の雇用する労働者を、派遣先の指揮命令を受けて、派遣先のために労働に従事させる契約のことです。派遣期間終了後に派遣先と派遣労働者が直接雇用契約を結ぶ形態がありますが、これは労働者派遣に含まれません。

下図は、派遣元・派遣先・派遣労働者の三者関係の特徴です。

（図）労働者派遣の相関図

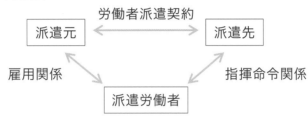

例えば、労働者の育児休業取得により一時的に労働力が足りない事業主（派遣先）が、人材派遣会社などの派遣元に人材派遣を依頼し、二者間で、業務内容や契約期間等を定めた労働者派遣契約を締結します。派遣元は、この契約に基づき、自社と雇用関係にある派遣労働者を派遣先に派遣し、派遣先の労働者は、派遣元から委託された指揮命令の権限に基づき、派遣労働者を指揮命令します。

❷労働関係法の適用と責任

派遣では、原則として派遣労働者と雇用関係にある派遣元に労働関係法が適用され、派遣元が事業主としての責任を負います。ただし、実際は、派遣労働者と雇用関係にない派遣先が、具体的な業務の指揮命令、労働場所の設備や機械などの設置・管理を行っているので、派遣労働者保護の実効を期すために適当な事項については、派遣先に責任を負わせることとする特例などがあります。

例えば、派遣労働者の労働時間、休憩、休日等の労働者の具体的就業に関連する事項については、派遣先のみが、派遣労働者を使用する事業主とみなされ、派遣先が責任を負います。ただし、「労働時間、休日の枠組みの設定」は、派遣元が行うこととされており、派遣先が、派遣労働者に時間外労働や法定休日労働（以下「休日労働」）をさせるためには、派遣元が派遣労働者と36協定の締結を行っている必要があります。

3）請負労働者

❶請負労働者とは

請負業者と雇用契約を結び、請負により、注文主から依頼のあった仕事を完成させるための業務に従事する労働者を「請負労働者」といいます。請負とは、労働ではなく仕事の完成に対して報酬が支払われる契約のことです。

下図は、請負業者・注文主・請負労働者の三者関係の特徴です。

（図）請負の相関図

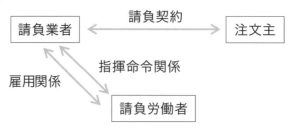

例えば、注文主が欠陥等のないＩＴシステムの完成を請負業者に依頼し、二者間でシステムの完成に対し、報酬を支払う請負契約を締結します。請負業者は、この契約に基づき、自社と雇用関係にある請負労働者を指揮命令し、請負労働者はシステム完成のために業務にあたります。

派遣労働者と請負労働者は、どちらも労働者が「雇用先ではなく出先で仕事をする」ことから、混同されがちですが、法律的に区別されています。請負労働者の場合、注文主と請負労働者間に「指揮命令関係」が生じないことがポイントです。請負労働者に対し、注文主が指揮命令をしている場合、実質は労働者派遣であり、「偽装請負」とみなされ、労働者派遣法・職業安定法違反となります。そのため、注文主は、他の労働者と同様に請負労働者に対して指揮命令をしてしまわないよう、注意する必要があります。

❷労働関係法の適用と責任

請負では、労働関係法は請負労働者と雇用関係にある請負事業者に労働関係法が適用され、請負事業者が事業主としての責任を負います。注文主に労働関係法は適用されません。

4）短時間労働者

❶短時間労働者とは

１週間の所定労働時間数が、同じ事業主に雇用される「通常の労働者」♦2の１週間の所定労働時間に比べて短い労働者を「短時間労働者」といいます。派遣や請負

♦2　「通常の労働者」とは、当該事業主の下での賃金等の待遇制度における正規型の労働者であり、それが認識しがたい場合には無期雇用でフルタイムでの労働者をいいます（平31.1.30基発0130第１号）

とは異なり、間に第三者が入ることなく、通常の労働契約と同様、直接雇用関係を結びます。パート・アルバイト・嘱託・準社員等の名称にかかわらず、週の所定労働時間が、通常の労働者より少しでも短ければ「短時間労働者」です。

❷労働関係法の適用と責任

短時間労働者については、雇用関係にある事業主に労働関係法が適用されます。短時間労働者は、期間の定めのある労働契約を締結している場合が多く、その場合には、有期雇用労働者についての取扱いがなされます。

5）有期雇用労働者

❶有期雇用労働者とは

期間の定めのある労働契約（有期労働契約）によって使用される労働者を「有期雇用労働者」といいます。下記のような呼称があり、短時間労働者と重複する呼称もあります。

　・日雇い　・臨時工　・季節労働者　・期間社員　・アルバイト
　・嘱託社員　・パート社員　・契約社員

❷労働関係法の適用と責任

短時間労働者同様、雇用関係にある事業主に労働関係法が適用されます。さらに、期間が定められていることもあり、有期雇用労働者の労働者としての立場を保護するための、特有の規制がいくつかあります。

ア　契約期間の上限

契約期間には、原則的に3年、特例で5年という上限があります。5年を超えて有期労働契約が反復更新された場合、有期雇用労働者には「無期転換権」が付与され、無期転換を申し込むと、申込み時の有期労働契約満了日の翌日から無期労働契約が成立していることになります。企業は、無期転換を拒否することはできません。

（図）有期労働契約から無期労働契約へ転換する場合

イ　雇止め法理

　有期労働契約の労働者が、合理的な理由なく契約更新を拒否されることを違法とする考え方を「雇止め法理」といいます。裁判例の蓄積で確立された後、労働契約法で法定化されました。

　下記のいずれかに該当する場合に、解雇と同様、使用者が雇止めをすることが「客観的に合理的な理由を欠き、社会通念上相当であると認められないとき」は、雇止めが認められず、従前と同一の労働条件で、有期労働契約が更新されたものとみなされます。

有期労働契約が反復して更新されたことにより、雇止めをすることが無期労働契約の解雇と社会通念上同視できると認められる場合
労働者が有期労働契約の契約期間の満了時にその有期労働契約が更新されるものと期待することについて合理的な理由が認められる場合

2　派遣労働者の同意があれば契約業務外の仕事を頼めるか（事例回答）

　労働者派遣契約を派遣元と派遣先が締結する際、「派遣労働者が従事する業務の内容」を具体的に定めなければなりません。そして、派遣元は、派遣労働者に対し、業務内容を含め就業条件を具体的に明示する義務があり、その就業条件を基に労働者派遣が行われます。

　就業条件のうち、業務内容は、その業務に必要とされる能力や、行う業務等が具体的に記述され、この記述により、その労働者派遣に適格な派遣労働者を派遣元が決定できるものであることが必要であり、できる限り詳細であることが適当とされています[3]。

　派遣先が、派遣労働者が従事する契約業務以外の仕事を派遣労働者に頼むことは、業務内容を明記する意味がなくなるだけでなく、労働者派遣契約違反となる可能性があります。派遣労働者が仕方なく契約業務以外の仕事を引き受けており、精神的な苦痛を感じていた・本来の業務を十分に遂行できなかったような場合は、損害賠償を請求されるおそれもあります。

　事例のように、派遣労働者が自ら申し出たり、同意しているといっても、労働者派

遣契約違反となる契約業務以外の仕事を頼むことは避けるべきです。申出への感謝とともに、契約業務以外の仕事をお願いすることはできない旨を伝えましょう。

CHECK LISTS

- [ ] 雇用形態ごとに、所定の労働時間、雇用関係、労働者を保護するための労働関係法の適用などが異なることを認識する

- [ ] 事業主・管理職は、雇用形態による法律上の差異を理解し、遵守したうえで、雇用形態にかかわらない公正な待遇を確保する必要がある

- [ ] 労働者派遣契約を派遣元と派遣先が締結する際、「派遣労働者が従事する業務の内容」を具体的に定め、派遣元は、派遣労働者に対し、業務の内容を含め就業条件を具体的に明示する義務がある

- [ ] 派遣先が、契約業務以外の仕事を派遣労働者に頼むことは、労働者派遣契約違反となる可能性があるため、派遣労働者が自ら申し出たり、同意していても、避けるべきである

同一労働同一賃金

《この事例で学習するポイント》

❶ 同一労働同一賃金とは何かを十分に理解する

❷ 同一労働同一賃金に関する法令・ガイドライン・裁判例などから、どのような雇用形態による待遇差が「不合理」とされるかを把握する

❸ 同一労働同一賃金の実現のために、管理職がすべきことを把握する

《事例》

　有期雇用の社員から、正規社員との間で、賞与の待遇差がある理由をきかれました。どのように対応すればよいでしょうか。

《解説》

1　基本解説

1）同一労働同一賃金とは

　「同一労働同一賃金」は、性別・年齢・雇用形態にかかわらず、同じ労働であれば、同じ賃金を支払うべきとする考え方です。

　この考え方が、働き方改革関連法で「雇用形態にかかわらない公正な待遇の確保」として取り入れられました。

　そして、その実現のための施策が、働き方改革関連法のひとつである「パートタイム・有期雇用労働法」で定められ、2020年4月1日から施行されています（中小企業は、2021年4月1日施行）。

2）「パートタイム・有期雇用労働法」の概要

　従来は、短時間労働者についてはパートタイム労働法で、また、有期雇用労働者については労契法の20条で、正規社員との不合理な待遇差が禁止されていましたが、両規定の内容にはばらつきがありました。そこに、2018年、最高裁判所（以下「最高裁」）

が初めて正規社員と非正規社員間での不合理な待遇差を判断したことを受け、パートタイム労働法に、労契法20条を移す形で、法律名の変更・同一労働同一賃金を盛り込む等の改正がなされたものが、「パートタイム・有期雇用労働法」です。

　本法では、不合理な待遇差の判断考慮要素を明確化、差別的取扱いの禁止規定の対象に有期雇用労働者を追加、短時間労働者・有期雇用労働者に対する事業者の待遇説明義務の強化等がなされています。

　また、各条文の基本的考え方・判断基準を示す通達♦1や、具体的な待遇差が不合理かどうかを示す「同一労働同一賃金ガイドライン」♦2も出ています。

3）「パートタイム・有期雇用労働法」の内容

　「パートタイム・有期雇用労働法」の同一労働同一賃金に関する主な内容は次のとおりです。

　なお、派遣労働者についても、労働者派遣法で、同様の規定がなされています。

❶不合理な待遇差の禁止

　短時間労働者・有期雇用労働者と正規社員の間で、基本給・賞与・福利厚生・教育訓練など、あらゆる待遇に不合理な差を設けることを禁止しています。どのような待遇差が不合理となるかは、個々の待遇の性質・目的に照らして適切と認められる事情を考慮して判断されます。考慮する要素は以下です。

職務内容	・業務の内容（継続して行う仕事の内容） ・責任の程度（業務の遂行に伴い行使するものとして付与されている権限の範囲・程度等）
職務内容・配置の変更範囲	人材活用の仕組みや運用の有無・範囲（将来の見込み含む） 例：配置の変更を伴わない職務内容の変更 　　転勤・昇進といった人事異動等、労働者本人の役割の変化
その他の事情	成果、能力、経験、合理的な労使の慣行、労使交渉の経緯等、上記以外の事情で、個々の状況に合わせて、その都度検討する

❷差別的取扱いの禁止

　職務内容あるいは職務内容・配置の変更範囲が正規社員と同じ短時間労働者・有期雇用労働者は、就業の実態が同じと判断され、待遇について差別的に取り扱うことは禁じられています。

❸説明義務

　短時間労働者・有期雇用労働者は、正規社員との待遇差の内容や理由などについて、事業主に説

♦1　平31.1.30基発0130第1号「短時間労働者及び有期雇用労働者の雇用管理の改善等に関する法律の施行について」
♦2　平30.12.28厚生労働省告示第430号「短時間・有期雇用労働者及び派遣労働者に対する不合理な待遇の禁止等に関する指針」

明を求めることができます。

　事業主は、説明を求められた場合、説明義務を負い、この際、説明を求めた労働者に対し、解雇や減給などの不利益な取扱いをすることは禁止されています。また、雇入れ時にも、賃金・福利厚生施設の利用など、雇用管理上の措置内容について説明する義務があります。

2　正規社員との待遇差について理由をきかれた際の対応（事例回答）

　非正規社員から正規社員との待遇差について説明を求められた場合、事業主（実際には人事労務担当や上司）は、待遇差の内容と理由を説明しなければなりません。説明にあたって、例えば「あなたが有期雇用だからです」というような説明では、説明責任を果たしているとはいえません。具体的かつ丁寧な説明をすべきです。

　今回の事例に出てきた賞与は、企業の業績等への労働者の貢献に応じて支給する性質・目的をもつものです。正規社員と同程度の貢献をしている短時間・有期雇用労働者には、貢献に応じて正規社員と同一の賞与を、貢献の程度に一定の相違がある場合には、その相違に応じた賞与を支給しなければなりません。待遇差に合理的な理由があると判断される場合は、その根拠として、例えば責任の程度や企業業績等への貢献の差について、具体的にわかりやすく説明し、納得を得るよう努めましょう。合理的な理由がないと判断される場合は、改善する旨・いつごろまでに改善する予定か等を具体的に説明しましょう。

　なお、すぐ回答できない場合は、正確に回答するために時間を少し欲しい旨を伝え、人事労務担当等に相談してください。相談者の不信感につながるため、報告なく説明までに時間を空けることは避けましょう。人事労務担当等への相談に時間がかかっている場合でも、進捗状況を報告するなどの配慮をすべきです。

3　正規社員と非正規社員間の待遇差の不合理性が判断された裁判例

1）ハマキョウレックス事件——最判平30.6.1

【事案の概要】

　運送会社でドライバーとして働く契約社員（有期雇用労働者）と職務内容が同一である正規社員（通常の労働者）のドライバーとの間にある、手当に関する待遇差が問題となりました。

【裁判所の判断】

　最高裁は、下記6つの手当について、次のように判断したうえで、本事案を、大阪

高等裁判所に差戻しました。その後、2018年12月21日に同裁判所で最高裁と同趣旨の判決が出され、確定しています。

（表）裁判所による各手当の不合理性判断

手当名	判断	支給の趣旨	判断理由
通勤手当	不合理	通勤に要する交通費を補填する趣旨で支給	労働契約に期間の定めがあるか否かによって通勤に要する費用が異なるものではない。契約社員と正規社員の職務の内容・配置の変更範囲が異なることは、通勤に要する費用の多寡とは直接関係がないので不合理である
皆勤手当	不合理	出勤するドライバーを一定数確保するため、皆勤を奨励する趣旨で支給	契約社員と正規社員の職務の内容は異ならず、出勤する者を確保することの必要性については、職務の内容によって正規社員と契約社員の間に差異が生ずるものではない。また、将来転勤・出向する可能性や、中核を担う人材として登用される可能性の有無といった事情により異なるともいえないので不合理である
給食手当	不合理	労働者の食事に係る補助として支給	勤務時間中に食事を取ることを要する労働者に対して支給することがその趣旨にかなうものである。契約社員と正規社員の職務の内容は異ならない上、勤務形態に違いがあるなどの事情はうかがわれない。また、職務の内容・配置の変更範囲が異なることは、勤務時間中に食事を取ることの必要性やその程度とは関係がなく、給食手当に相違を設けることが不合理であるとの評価を妨げるその他の事情もうかがわれないので不合理である
作業手当	不合理	特定の作業を行った対価として作業そのものを金銭的に評価して支給	契約社員と正規社員の職務の内容は異ならず、職務の内容・配置の変更範囲が異なることによって、行った作業に対する金銭的評価が異なるものでもない。また、作業手当に相違を設けることが不合理であるとの評価を妨げるその他の事情もうかがわれないので不合理である
無事故手当	不合理	優良ドライバーの育成や安全な輸送による顧客の信頼の獲得を目的として支給	契約社員と正規社員の職務の内容は異ならないため、安全運転・事故防止の必要性については、職務の内容によって両者の間に差異が生ずるものではない。また、安全運転・事故防止の必要性は、将来転勤・出向する可能性や、中核を担う人材として登用される可能性の有無といった事情により異なるものでもない。加えて、無事故手当に相違を設けることが不合理であるとの評価を妨げるその他の事情もうかがわれないので不合理である

住宅手当	不合理とは認められない	労働者の住宅に要する費用を補助する趣旨で支給	契約社員については就業場所の変更が予定されていないのに対し、正規社員については、転居を伴う配転が予定されているため、契約社員と比較して住宅に要する費用が多額となり得るので不合理とは認められない

2）長澤運輸事件——最判平30.6.1

【事案の概要】

運送会社でドライバーとして働き、定年後に再雇用された嘱託社員（有期雇用労働者）と職務内容が同一である正規社員（通常の労働者）のドライバーとの間にある、手当に関する待遇差が問題となりました。

【裁判所の判断】

最高裁は、下記5つの手当について、次のように判断しました。

（表）裁判所による各手当の不合理性判断

手当名	判断	支給の趣旨	判断理由
精勤手当	不合理	労働者に対し、休日以外は1日も欠かさずに出勤することを奨励する趣旨で支給	嘱託社員と正規社員との職務の内容が同一である以上、両者の間で、その皆勤を奨励する必要性に相違はないので不合理である
時間外手当（正規社員は超勤手当）	不合理	労働者の時間外労働等に対して支給	嘱託社員に精勤手当を支給しないことは不合理との判断を踏まえ、正規社員の超勤手当の計算の基礎に精勤手当が含まれるにもかかわらず、嘱託社員の時間外手当の計算の基礎には精勤手当が含まれないことも不合理である
住宅手当	不合理とは認められない	労働者の住宅費の負担に対する補助として支給	正規社員には幅広い世代の労働者が存在する一方、嘱託社員は老齢厚生年金の支給を受けることが予定され、支給が開始されるまでは調整給を支給されることとなっているので不合理ではない
家族手当	不合理とは認められない	労働者の家族を扶養するための生活費として支給	
役付手当	不合理とは認められない	正規社員の中から指定された役付者[◆3]であることに対して支給	年功給、継続給的性格のものではないので不合理ではない

3)　大阪医科大学事件——最判令2.10.13

【事案の概要】

　大学附属病院等を運営している学校法人で秘書業務に従事していたアルバイト職員（有期雇用労働者）に対し、正職員（通常の労働者）に支給している賞与と私傷病による欠勤中の賃金を支給しない待遇差が問題となりました。

【裁判所の判断】

　最高裁は、次のような理由で、本件待遇差は不合理ではないと判断しました。

賞与	・アルバイト職員の業務の内容は相当軽易であり、正職員と相違がある ・アルバイト職員の人事異動は例外的かつ個別的な事情により行われていたが、正職員は就業規則上業務命令により人事異動を命ぜられる可能性がある ・アルバイト職員については、契約職員および正職員へ段階的に職種を変更するための試験による登用制度が設けられており、これは労契法20条の「その他の事情」として考慮するのが相当である
私傷病による欠勤中の賃金支給	・この制度は、正職員が長期に渡り継続して就労することが期待されており、その生活保障を図り、雇用を維持・確保する目的があるのに対し、アルバイト職員については長期雇用を前提とした勤務を予定していない

4)　メトロコマース事件——最判令2.10.13

【事案の概要】

　東京メトロの駅構内の売店における販売業務に従事している契約社員（有期雇用労働者）に対し、正規社員（通常の労働者）に支給している退職金を支給しない待遇差が問題となりました。

【裁判所の判断】

　最高裁は、次のような理由で、本件待遇差は不合理ではないと判断しました。

　　・両者の業務内容は概ね共通するが、正規社員は、販売員が固定されている売店において休暇や欠勤で不在の販売員に代わって業務を担当する・配置転換を命じられる等、職務内容に相違がある

　　・契約社員に対し、試験による登用制度を設けており、これは労契法20条の「その他の事情」として考慮するのが相当である

5)　日本郵便東京事件、日本郵便大阪事件、日本郵便佐賀事件——最判令2.10.15

（同日に同法廷・同裁判官により下された判決のため、まとめて紹介）

【事案の概要】

　郵便の業務を担当する正規社員（通常の労働者）に与えている手当や有給休暇を、同じく郵便の業務を担当する時給制契約社員（原告は、いずれも契約更新を繰り返して

いる有期雇用労働者）に与えない待遇差が問題となりました。

【裁判所の判断】

最高裁は、次のような理由で、本件待遇差は不合理であると判断しました。

（表）最高裁による各待遇差の不合理性判断

年末年始勤務手当	
支給の趣旨	最繁忙期であり、多くの労働者が休日として過ごしている上記の期間に業務に従事したことに対し、その勤務の特殊性から基本給に加えて対価として支給
判断理由	業務の内容やその難度等にかかわらず、所定の期間において実際に勤務したこと自体を支給要件とするものであり、その支給金額も、実際に勤務した時期と時間に応じて一律。 手当の性質・支給要件・金額に照らせば、手当支給の趣旨は、時給制契約社員にも妥当するものというべきであり、不合理である
年始期間の勤務に対する祝日給	
支給の趣旨	最繁忙期であるために年始期間における勤務の代償として支給
判断理由	有期労働契約の更新を繰り返して勤務する者も存するなど、繁忙期に限定された短期間の勤務ではなく、業務の繁閑にかかわらない勤務が見込まれていることから、祝日給を支給する趣旨は時給制契約社員にも妥当するものというべきであり、不合理である
扶養手当	
支給の目的	生活保障や福利厚生を図り、扶養親族のある者の生活設計等を容易にさせることを通じて、継続的な雇用を確保する
判断理由	扶養親族があり、相応に継続的な勤務が見込まれるのであれば、扶養手当を支給する趣旨は、時給制契約社員にも妥当するというべきであり、不合理である
病気休暇（契約社員には無給の休暇のみ付与）	
付与の目的	継続的な勤務が見込まれる労働者に生活保障を図り、私傷病の療養に専念させることを通じて、継続的な雇用を確保する
判断理由	相応に継続的な勤務が見込まれるのであれば、私傷病による有給の病気休暇を与える趣旨は、時給制契約社員にも妥当するというべきであり、不合理である
夏期冬期休暇	
付与の目的	年休等とは別に、労働から離れる機会を与えることにより、心身の回復を図る
判断理由	夏期冬期休暇の取得の可否や取得し得る日数は正規社員の勤続期間の長さに応じて定まるものとはされていない。契約社員は、契約期間が6か月以内とされるなど、繁忙期に限定された短期間の勤務ではなく、業務の繁閑にかかわらない勤務が見込まれているのであって、夏期冬期休暇を与える趣旨は、時給制契約社員にも妥当するというべきであり不合理である

【ここに注目！】

　1）、2）の最高裁判決は、「不合理な待遇差」か「不合理でない待遇差」かを判断するうえで、実務的に大きな影響を与えています。3）、4）、5）も、基本的に、1）、2）と判断の枠組みは変わっていませんが、不合理な待遇差の禁止が法律で定められた後でも、個別のケースごとに種々の事情を考慮したうえで判断されることがわかります。

CHECK LISTS

☐　パートタイム・有期雇用労働法では「雇用形態にかかわらない公正な待遇の確保」として「同一労働同一賃金」の考え方が取り入れられた

☐　事業主には不合理な待遇差の禁止、待遇差についての説明義務などが課せられている。非正規社員から正規社員との待遇差について説明を求められた場合、待遇差の内容と理由を、具体的かつ丁寧に説明する必要がある

☐　正規社員と非正規社員間での待遇差が不合理なものかどうかは、個々の待遇の性質・目的に照らして適切と認められる事情を考慮して判断される

労働契約の終了

《この事例で学習するポイント》

❶ 労働契約終了の類型と終了時における法規制を把握する

❷ 部下の労働契約が終了する場合の適切な対応方法を理解する

《事例》

部下から突然「来月末で辞めます」と言われました。辞められると業務に支障が生じるのですが、辞めさせないようにできないでしょうか。

《解説》

1 基本解説

1) 労働契約の終了

労働契約は、労使双方の様々な事由により、いずれ終了します。労働契約が終了する際、主に労働者の保護を図るために、労契法や労基法の規制を受ける場合があります。

特に、一般的に労働者より立場が強くなりがちな使用者から、労働契約の終了を勧めたり、労働契約を一方的に終了するような行為は厳しく制限されています。

2) 解雇以外の労働契約の終了

❶有期労働契約における期間の満了

有期労働契約は、原則、期間の満了によって終了します。ただし、期間満了後も労働関係が事実上継続された場合、労働契約は黙示的に更新されます。労契法は、有期労働契約が反復更新されるなどの場合には、雇止めの法理が適用されること、有期労働契約が5年間を超えて反復更新された場合には、期間の定めのない無期労働契約への転換申込権が労働者に与えられることを規定しています。

❷合意解約

労使が合意によって労働契約を将来に向けて解約することです。合意解約の申込

みとしての退職願は、使用者の承諾（承認）の意思表示があれば、効力を生じます。

❸辞職

　労働者による労働契約の解約（退職）です。合意解約とは異なり労働者の辞職（退職）の一方的意思表示が使用者に到達した時点で解約告知としての効力を生じます。

ア　無期労働契約の場合

　労働者は2週間の予告期間を置けば「いつでも」労働契約を解約できます。退職理由の提示は解約要件ではないので理由を使用者に明示する必要はありません[1]。

イ　有期労働契約の場合

　「やむを得ない事由」があるときに、直ちに契約を解除することができます。例えば、心身の障害・疾病、子や親などの介護、従事している業務が法令に違反していることなどです。ただし、その事由が当事者の一方の過失によって生じたときは相手方に対して損害賠償の責任を負います。

　1年を超える期間を定めた労働契約を締結している場合には[2]、労働契約の初日から1年を経過した日以降において、使用者に申し出ることにより、「いつでも」[3]退職できます。

　なお、有期労働契約の期間満了後も、双方の異議なく労働関係が事実上継続された場合、労働契約は黙示的に更新されます。労働者は、この黙示の更新期間中、2週間の予告期間を置けば「いつでも」契約を解約できます。

❹退職勧奨行為

　労働者に対して、退職を勧めることで、❷の合意解約または❸の辞職としての退職を勧奨し、労働者の任意の意思を尊重する態様で行うことが必要です。

　労働者が自発的な退職意思を形成するために、社会通念上相当と認められる程度を超えて、労働者に対し、不当な心理的威迫を加えたり、名誉感情を不当に害する言葉を用いたりするような退職勧奨は、不法行為に該当します。実際、企業や管理職の退職勧奨について、違法性を認める裁判例が多く出ています。

❺定年制

　「定年制」とは、労働者があらかじめ定められた年齢に達したことを理由に、自動的にまたは解雇の意思表示によって労働契約が終了する制度です。就業規則等で定められます。高年齢者雇用安定法は、定年を60歳未満とすることを禁止しており、企業が定年を60歳未満に定めた場合、その規定は無効となり、規定自体がないものとみなされます。

---

[1]　2020年4月1日施行の民法改正により、「期間の定めのない雇用の解約の申入れ」は労働者には適用されなくなり、使用者のみに片面的に適用されることになりました。その結果、労働者からの解約申入れは、期間によって報酬を定めた場合でも、いつでも、2週間の予告で退職が可能となりました。この改正の趣旨は、労働者の退職の自由を保護するということです

[2]　労働契約の期間は、原則として3年間を超えてはなりません（詳細は11頁参照）

[3]　厚生労働大臣が定める、専門知識などを有する労働者または60歳以上の労働者は除外

3）解雇による労働契約関係の終了

「解雇」とは、使用者からの解約申出により一方的に労働契約が終了することです。業務命令違反・職務規律違反など労働者側に非がある場合でも、すぐに解雇が認められるわけではありません。「解雇」には、次の類型があります。

❶普通解雇

ア　無期労働契約の場合

労基法で、原則として、解雇予告期間を30日間置くこと、または、平均賃金30日分の予告手当を支払うことを義務づけています。さらに、これらの要件を満たしていても、労契法で、「解雇は、客観的に合理的な理由を欠き、社会通念上相当であると認められない場合は、その権利を濫用したものとして、無効とする」と定められています。

「客観的に合理的な理由」の代表的な例であり、裁判例が確立しているものとして、使用者の経営上の理由である「整理解雇」があります。使用者は整理解雇を回避するよう努める義務があり、裁判例では、4要件（人員削減の必要性、人員削減の手段として整理解雇を選択することの必要性、被解雇者選定の妥当性、手続の妥当性）を基準に検討し、解雇の有効性が判断されています。

イ　有期労働契約の場合

使用者は、契約期間中、原則として労働者を解雇できません。ただし、健康状態が業務の遂行に耐えられない・出勤率不良で改善の見込みがないなど、「やむを得ない事由」がある場合は、例外的に解雇できます。

❷懲戒解雇

秩序違反に対する制裁としての解雇であり、通常は解雇予告も予告手当の支払いをせずに即時になされ、退職金の全部または一部が支給されません。懲戒解雇は、次の3つの要件を満たす必要があり、満たさない場合には、解雇権濫用として無効となります。

・懲戒の種類や程度が就業規則上明記されていること
・労働者の問題の行為が就業規則上の懲戒事由に該当し、客観的合理的な理由があること
・行為の性質・態様等の事情に照らし、社会通念上相当なものと認められること

2　突然辞めたいと言った部下を止められないか（事例回答）

　1で解説したように、無期労働契約の場合、労働者は、2週間の予告期間を置けば「いつでも」契約を解約できます。また、有期労働契約の場合でも、労働者に「やむを得ない事由」があるときには、直ちに契約を解約することができます。上司としては、申出を拒否するなど、部下が辞職しないように強制することは、原則としてできません。退職の意思の撤回や辞職時期を延ばしてもらうようお願いすることは可能ですが、あくまで「お願い」であり、部下の意思に反することはできませんので、注意が必要です。

　辞職する部下、そして、その業務を引き継ぐ他の部下とコミュニケーションを取り、スムーズな引継ぎのためにできることをしましょう。

CHECK LISTS

- ☐ 労働契約が終了する際、主に労働者の保護を図るために、労契法や労基法の規制を受ける場合がある

- ☐ 特に、使用者から労働者に労働契約を終了することを勧める退職勧奨や、使用者から一方的に労働契約を終了する解雇には、厳しい制限がある

- ☐ 部下から辞職の申出があった場合、上司として、部下が辞職しないように強制することは原則できず、適正に対処する必要がある

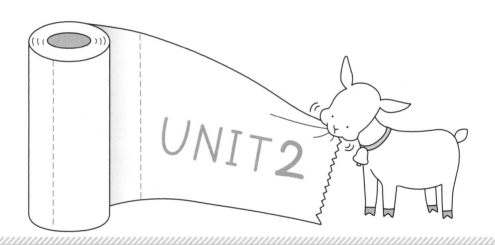

UNIT2

労働安全衛生

安全配慮義務

《この事例で学習するポイント》

❶ 安全配慮義務の内容を正確に理解する

❷ 安全配慮を怠った場合、どのようなリスクがあるか、十分に理解する

《事例》

　他部署の部長が、インフルエンザで休んでいる社員に「マスクをすれば問題ない」と伝え出社させたことがあると言っていました。本当に問題ないのでしょうか。

《解説》

1　基本解説

1)　安全配慮義務とは

　使用者が労働者に対して、安全で健康に働けるよう、必要な配慮をする義務を「安全配慮義務」といいます。判例により形成されてきた法理で、最高裁は、「労働者が労務提供のために設置する場所、設備若しくは器具等を使用し又は使用者の指示のもとに労務を提供する過程において、労働者の生命及び身体等を危険から保護するよう配慮すべき義務」と定義しています。

まだ熱があって…

マスクをすれば問題ないだろ。出社しろ

　労契法でも「使用者は、労働契約に伴い、労働者がその生命、身体等の安全を確保しつつ労働することができるよう、必要な配慮をするものとする」と規定され、労使間の労働契約に特段の定めがなくとも、付随的義務として当然に安全配慮義務を負うことが明記されました。「生命、身体等」には精神も含まれ、次のような様々な場面で、安全配慮義務が問題となります。

　　・安全面で不備のある設備を使用させたことで、労働者がけがをした

　　・長時間労働が続いたことによる過重労働で、脳卒中を発症し、死亡した

　　・労働者からのハラスメント相談に対応せず、労働者が精神疾患を発症した

　安全配慮義務に違反した場合、労契法上の罰則はありませんが、民法の規定により損害賠償責任が発生します。そのため、使用者には、産業医等との連携、施設や設備管理の徹底、労働時間の適正な把握と長時間労働の削減、ハラスメントを防ぐ職場づくり等、労働者が心身の健康を保ちながら働けるよう配慮することが求められます。

2）安全配慮義務の範囲・対象

　裁判所は、安全配慮義務の内容は労働者の職種・労務内容・労務提供場所などの具体的状況によって決まるとしています（川義事件、最判昭59.4.10）。また、直接雇用していない労働者にも義務が及ぶかについては、多岐にわたって、使用者の安全配慮義務不履行による民事上の損害賠償責任等を認めています。

❶派遣労働者に対する派遣先の安全配慮義務

　派遣労働者と労働契約関係にあるのは派遣元ですが、業務遂行上の具体的指揮命令は派遣先が行うため、労働者派遣法で派遣先にも安全配慮義務があるとしています。裁判例も、実質労働者派遣といえる業務請負で、業務中、長時間労働等によりうつ病を発症した事案について、派遣元と派遣先の双方に安全配慮義務違反を認めています（アテスト事件、東京高判平21.7.28）。

❷出向労働者に対する出向元の安全配慮義務

　出向には、労働者が出向元との労働契約に基づく労働者としての地位を保有したまま、出向先の指揮監督下に労務を提供する「在籍出向」と、出向元との労働契約を解消したうえで出向先との間で新たな労働契約を締結する「転籍出向」があり、在籍出向の場合、出向元・出向先どちらに安全配慮義務があるかが問題になります。裁判例は、出向中にうつ病を発症した労働者が、出向元に、帰社させて欲しい旨を訴えていたことから、出向元も当該労働者に対し業務の軽減等の援助を与える義務があったとし、出向元と出向先の双方に安全配慮義務違反を認めました（トヨタ自動車ほか事件、名古屋地判平20.10.30）。

❸下請労働者に対する元請企業の安全配慮義務

　下請労働者は、元請企業と直接契約関係にはありませんが、元請企業の指示や監督等の管理が事実上及んでいる例が多くあるため、元請・下請企業の双方が安全配慮義務を負うと解すべきです。労基法は、製造業と土木・建設業の労働災害について、数次の請負が行われる場合でも、元請企業を使用者とみなすと規定しています。

2　感染症で休んでいる社員を出社させるのは問題ないか（事例回答）

　毎年、冬から春に流行する季節性インフルエンザは、ウイルスの抗原性が小さく変

化しながら世界中で流行を繰り返しています[1]。感染性が強く、マスクをしても、周囲への感染を100%防ぐことはできません。「マスクをすれば問題ない」と伝え出社させることは、本人の回復を遅らせる・重症化させる危険があるだけでなく、周囲に感染させる危険もあります。部下や同僚を危険にさらすものであり、安全配慮義務違反として、管理職および企業の責任が追及されることにもなるので、厳に慎むべきです。

3　社員のうつ病発症について安全配慮義務違反が問われた裁判例

東芝（うつ病・解雇）事件——最判平26.3.24

【事案の概要】

　Xは、会社Yの工場において技術担当者として勤務していたが、2000年11月頃から新規プロジェクトのリーダーとなったことで、長時間労働とストレスにさらされ、次のような経緯でYに対して訴訟を提起しました。

2000年12月	担当した工程において発生したトラブルの対応に追われる
2001年2月	トラブルが続き、「（対処することは）無理です」と上司に回答したが了解を得られず、上司より叱責される
2001年3〜4月	土日にもトラブル対応のため出勤。神経科を受診（Yには申告せず）。上司からは従前業務に追加した業務を担当するよう指示があり、Xは断るが上司の了解を得られず。少なくとも、この時期までにうつ病を発症
2001年5月	激しい頭痛に襲われ、12日間欠勤
2001年6月	産業医による「時間外超過者健康診断」を受診。残業時間は3か月間合計で254時間。頭痛、不眠、疲労感等の症状が重くなり神経科医院に通院を始める。同僚から見て明らかにXの様子はおかしく調子が悪い様子だった
2001年10月〜	休職
2004年9月	休職期間満了による解雇。Xは、Yに対し解雇無効確認等請求訴訟を提起

【裁判所の判断】

　最高裁は、①うつ病発症以前の数か月において、平均約70時間の時間外労働（法定の労働時間を超える労働）を行い、しばしば休日や深夜の勤務を余儀なくされていた、

　◆1　出典：厚生労働省「インフルエンザQ&A」

②プロジェクトのリーダーという職責を担わされ、③業務の期限や日程を短縮され、上司から厳しい督促や指示を受ける一方で助言や援助を受けられず、④プロジェクト担当者を減員される等の一連の経緯や状況等に鑑みて、「負担を大幅に加重され」「Xの業務の負担は相当過重なものであったといえる」と具体的に判断を示し、「業務上」の疾病であると認定しました。

その上で、Yが、Xに対し、業務の遂行に伴う疲労や心理的負荷等を過度に蓄積して心身の健康を損なうおそれのあること、すでに損なっている健康をさらに悪化させるおそれのあることを具体的・客観的に予見可能であったにもかかわらず、業務量を適切に調整して、心身の健康を損なうことや、さらなる悪化をたどることがないような配慮をしなかったことは、不法行為に該当し、雇用契約上の安全配慮義務に違反する債務不履行といえると認定しました。

そして、解雇についても、療養のために休業していた期間にされたものであり、労基法違反として、無効であると判断し、Xの神経科医院への通院等の情報はプライバシーにかかわるため、Yへ申告しなかったことに基づく過失相殺を否定しました。

【ここに注目！】

企業は労働者のメンタルヘルスに注意を払い、その対策を十分に行うという安全配慮義務を負うことを明らかにした裁判例です。上司としては、日頃から社員や職場の状況に気を配り、状況に合わせ必要な配慮をするべきです。

CHECK LISTS

☐　使用者が労働者に対して、安全で健康に働けるよう、必要な配慮をする義務のことを「安全配慮義務」という

☐　安全配慮義務の内容は労働者の職種・労務内容・提供場所などの具体的状況によって決まる。派遣・出向・下請社員にも義務が及び、けが、過重労働、ハラスメント等による精神疾患や脳・心疾患の発症等、様々な場面で問題になる

☐　安全配慮義務違反が認められた場合、損害賠償責任が発生し、管理職には、日頃から部下や職場の状況に気を配り、労働者が心身の健康を保ちながら働けるよう配慮することが求められる

職場環境

《この事例で学習するポイント》

❶ 職場環境の重要性と、使用者が安全・衛生・健康面で負う責任を理解し、働きやすい職場環境の整備のために適切な対処をする

❷ 受動喫煙とは何か、どのような害があるか、理解する

《事例》

部下から「社内の喫煙室前の廊下がたばこ臭いのでどうにかして欲しい」と言われたのですが、管理職として対応する必要があるでしょうか。

《解説》

1 基本解説

1) 働きやすい職場環境の重要性

労働者には、働く際、安全・衛生・健康面での様々なリスクがあります。例えば、はさみを使った作業で指を切る・濡れた床で滑り転倒する・固定されていない棚が倒れ足を骨折する・職場の換気が不十分で頭痛が起きるなどが考えられます。働きやすい職場環境を整備することは、労働災害防止や業務効率・生産性の向上に資するものです。企業は、職場での５Ｓ※1の習慣化が求められているほか、安衛法などで、空調の設備管理、温度や湿度の測定などが義務づけられています。

2) 受動喫煙とは

喫煙により生じた副流煙（たばこの先から出る煙）や呼出煙（こしゅつえん）（喫煙者が吐き出した煙）を自分の意思とは関係なく吸い込んでしまうことを、「受動喫煙」といいます。副流煙には、人間に対して発がん性がある化学物質などの有害物質が、主流煙（喫煙者が吸い込む煙）より多く含まれており、健康被害をもたらすことがわかっています。厚

生労働省が2016年に公表した報告書（以下「たばこ白書」）[1]には、受動喫煙との因果関係が「確実」である健康影響として、肺がん、虚血性心疾患、脳卒中、臭気・鼻への刺激感等があげられています。また、社会的に「受動喫煙は他者の命に関わる問題である」とも言われています[2]。なお、最近流通している加熱式たばこも、呼出煙に有害成分が多く含まれており、受動喫煙が十分に生じると言われています。そこで、近年、法改正により事業者に義務づけられた受動喫煙防止対策として、あるいは快適な職場環境をつくり労働者の安全に配慮するために、職場を全面禁煙や完全分煙にする企業が増えています[3]。

3)　受動喫煙の法規制

企業は、主に、以下に基づいて受動喫煙の防止を図る必要があります。

❶労契法

「使用者は、労働契約に伴い、労働者がその生命、身体等の安全を確保しつつ労働することができるよう、必要な配慮をするものとする」と安全配慮義務を定めており、受動喫煙から労働者の心身の健康を守ることも、このひとつと考えられます。

❷安衛法

事業者に、受動喫煙を防止するために、事業者と事業場の実情に応じて適切な措置を講じるよう努める義務を定めています。

❸健康増進法

2018年7月、望まない受動喫煙をなくすため、多数の者が集まる施設において原則屋内禁煙とする・事業者等の受動喫煙防止対策を義務づけるなどの改正がなされ、2020年4月1日より全面施行されました。

❹職場における受動喫煙防止のためのガイドライン[4]

受動喫煙防止のために事業者が実施すべき事項を示しています。ここでは、オフィス・工場等、一般的な職場での受動喫煙防止対策のポイントを例示します。

原則、屋内は禁煙です。例外として、喫煙専用室・加熱式たばこ専用喫煙室を設置した場合に限り、施設内での喫煙が認められます。ただし、喫煙専用室・加熱式たばこ専用喫煙室を設置する際は、煙を効果的に屋外へ排出し、出入口から非喫煙区域にたばこの煙が流出することを防ぐため、その設置場所や施設構造を考慮し、ガイドラインに定める技術的基準を満たす必要があります。

喫煙専用室を設けていても、例えば、施設の構造により、建物全体にたばこの煙が拡散している場合や、喫煙専用室内の空気を屋外に排気する装置等の機器を稼働させた状態で、扉を開放した際の開口面において喫煙専用室内に向かう気流が0.2

◆1　平28.9.2厚生労働省「喫煙と健康　喫煙の健康影響に関する検討会報告書」
◆2　公益社団法人東京都医師会「タバコQ&A　改訂第2版」
◆3　全面禁煙や完全分煙の実施企業割合が約80%となる結果あり（2020年2月帝国データバンク「企業における喫煙に関する意識調査」）
◆4　令元.7.1基発0701第1号「職場における受動喫煙防止のためのガイドライン」

メートル／秒以上確保されていない場合などは、技術的基準を満たしていないことになります。

2　社内の廊下がたばこ臭いという訴えに管理職が対応する必要があるか（事例回答）

「社内の喫煙室の前の廊下がたばこ臭い」という訴えは、前出「たばこ白書」によれば、受動喫煙との因果関係が「確実」である臭気・不快感、鼻の刺激感の健康影響ということができ、受動喫煙被害が出ているという状況です。喫煙専用室は、ガイドラインに定める技術的基準を満たしていないと考えざるを得ません。

受動喫煙は、健康に害をもたらすため、上司としては、喫煙室がガイドラインの技術的基準を満たしていない可能性が高いことを、現場の施設管理を行っている者・部署等へ連絡し、すみやかに現況とその原因の調査を依頼し、改修等により基準を上回るような施設とすることを要請すべきです。放置すれば、健康増進法の措置義務違反となり、事業主は都道府県知事等から指導・勧告等を受け、場合によっては罰則（過料）が科せられるなど、不利益を受けることにもなります。受動喫煙に限らず、部下から、職場環境に関して問題の報告や相談があった場合は、放置せず対応しましょう。

3　受動喫煙被害を訴えた労働者に対する解雇を無効とした裁判例

保険代理店受動喫煙解雇事件──東京地判平24.9.27

【事案の概要】

Xは、保険代理店Yに入社後、社長のたばこの煙により動悸、咳、不眠、頭痛、めまい、吐き気等の症状が生じた。Xは、試用期間中、社長にベランダでの喫煙をお願いしたところ、本採用を拒否されたため、地位確認等を求めてYを提訴しました。

【裁判所の判断】

裁判所は、Yは使用者の責務として、Xに対し、より積極的に分煙措置の徹底を図る姿勢を示したうえ、就労を促し、その勤務を続けさせる必要があるとし、使用者は、労契法、健康増進法、安衛法の趣旨・目的等を併せ考慮すると、「当該事務室の状況に応じて、一定の範囲内で受動喫煙の危険性から原告の生命及び健康を保護するよう配慮すべき義務を負っているものと解される」とし、Xの体調不良とY事務室内における受動喫煙との間には、一定の関連性があることは否定しがたいとしたうえで、YによるXの本採用拒否を権利濫用として無効としました。

【ここに注目！】

　この裁判例以前にも、東京都江戸川区に対して、同区職員が受動喫煙被害を受けたとして、慰謝料5万円の支払いを命じ、受動喫煙について初めて労働者側が勝訴した裁判例（東京地判平16.7.12）や、受動喫煙に悩み分煙を要望した従業員を解雇した企業が、当該従業員に対し和解金700万円を支払った事例等があります。これに対し、本裁判例は、使用者が受動喫煙の危険性から労働者の生命・健康を保護するよう配慮すべき義務を負っているとした点が評価されます。この判決後に、望まない受動喫煙をなくすために健康増進法が改正されたことを考えると、法改正に少なからず影響を与えていると思われます。我が国が、長らく続いた喫煙に寛容な社会から、喫煙に厳しい社会へ、大きく舵を切ることに貢献したといえる事例です。

CHECK LISTS

- ☐ 労働災害防止や業務効率・生産性の向上につながるため、使用者には、安衛法などに基づき、働きやすい職場環境の整備が義務づけられている

- ☐ 受動喫煙は健康被害をもたらすため、企業には、健康増進法などの法令に基づく職場の受動喫煙防止対策が義務づけられている

- ☐ 部下から職場環境に関する問題を相談された場合、放置せず、関係者・関連部署への連絡・現況や原因の調査・改善要請などの対応をする。放置すると、罰則を科せられるなどの不利益を被る場合がある

健康診断

《この事例で学習するポイント》
❶ 健康診断は何のために実施するのか十分に理解する
❷ 健康診断に関する管理職としての注意事項を把握し、留意する

《事例》

　部下から「自分は健康には自信があるので、健康診断を受けなくてもいいですか」と聞かれました。本人が希望するなら、受診させなくてもよいでしょうか。

《解説》

1　基本解説

1)　健康診断の必要性

　健康診断（以下「健診」）は、病気の予防や早期発見に役立つ大切なものです。安衛法は、労働者の健康管理のために、事業者に対し、事業者が費用を負担し法定の健診を確実に実施すること、労働者に対し、事業者が実施する健診を受診することを義務づけています[1]。ただし、労働者には、事業者の指定した医師とは別の医師の健診を受ける「医師選択の自由」があります。

　事業者が労働者に健診を受診させていない場合、50万円以下の罰金が科されます。また、後記 3 の裁判例のように、労働者が健診を受診しない場合、企業から懲戒処分を受ける場合があります。下記は主な健診内容です。

❶雇入れ時の健康診断

　常時使用する労働者（以下「一般労働者」）に対し、雇入れ時に健診を実施する義務があります。正規社員かどうかは関係なく、契約期間が1年（一定の有害業務従事者については6か月）以上である者や、契約更新により1年以上使用されている・

◆1　安衛法の定める健康診断に該当しない法定外健診についても、それが労働者に病気治癒という目的に照らして合理的で相当な内容のものであれば、労働者は受診を拒否できないとする裁判例が出ています（電電公社帯広局事件、最判昭61.3.13）。

使用される予定の者で、１週の所定労働時間数が同種の業務に従事する通常労働者の４分の３以上である場合、一般労働者に該当するとされています[2]。

❷定期健康診断

一般労働者に対し１年以内に１回の健診を実施する義務があります。

❸深夜業などの特定業務従事者に対する健康診断

健康リスクの高い深夜労働や重量物を取り扱う等の危険作業の従事者に対し、業務への配置替えの際と６か月以内ごとに１回の健診を実施する義務があります。

❹特殊健康診断

粉じん作業や有機溶剤業務といった一定の有害業務の従事者に対し、各々特別の健診を実施する義務があります。

❺臨時の健康診断

都道府県労働局長は労働者の健康保持のために、事業者に対し臨時健診の実施などを指示することができます。

2）健診実施後の事業者の具体的な取組み事項

労働者の健康などに役立てるため、事業者は次の事項に取り組む必要があります。

①健診の結果の記録保存義務	健康診断個人票として記録し、５年間保管しなければならない。漏洩・滅失・改ざん等しないよう適正に管理しなければならない
②健診の結果についての医師等からの意見聴取義務	異常所見者の事後措置について、医師等の意見を聴かなければならない
③健診実施後の措置義務	②による医師等の意見を勘案し、必要と認めるときは、就業場所の変更、作業の転換、労働時間の短縮、深夜業の回数の減少等適切な措置を講じなければならない
④健診の結果の労働者への通知義務	遅滞なく通知する義務がある。なお、本人の同意がない限り、原則として、「第三者」に健診結果を提供することはできず、家族といえども、本人が同意しない限り、情報を提供してはならない
⑤健診の結果に基づく保険指導の努力義務	医師や保健師による保健指導をするよう、努めなければならない
⑥健診の結果の所轄労働基準監督署長への報告義務	特殊健診を行ったすべての事業者は、定期健診の結果について、遅滞なく所轄労働基準監督署へ提出しなければならない

3）個人情報の保護

健診結果は機微な個人情報にあたるので、事業者は、個人情報の保護について、特に注意をして適正な取扱いをする必要があります。そのため、安衛法や、指針[3]、通

達◆4に基づき、事業者は、労働者が50人以上の場合は労使協議、労働者が50人未満の場合は労働者の意見聴取をしたうえで、「事業場における労働者の健康情報等の取扱規定」を策定することが義務づけられています。

　また、健診の実施に従事した者には、その実施に関して知り得た秘密を漏らしてはならないと安衛法で規定されています。違反した場合、罰則（6か月以下の懲役または50万円以下の罰金）が科されます。

　さらに、医師による秘密漏洩は刑法によって秘密漏示罪として処罰される可能性があります。

2　健康診断を拒否等する部下への対応（事例回答）

　部下からの「健康には自信があるので、健康診断を受けなくてもよいか」という問い合わせには、安衛法で受診拒否ができないことが定められていること、労働者自身の健康管理のためにも必要であること、労働者による受診拒否は、場合によって懲戒処分の対象となることもあり、労働者自身に不利益な結果となることをきちんと説明し、受診義務について納得を得るのがよいでしょう。

3　定期健康診断の受診義務を認めた裁判例

1）愛知県教委（減給処分）事件──最判平13.4.26

【事案の概要】

　公立中学校教諭Xは、定期健診における胸部エックス線検査の受診を拒絶したこと等を理由に減給処分を受けたため、減給処分の取消請求訴訟を提訴しました。

【裁判所の判断】

　労働者は、安衛法により、定期健診を受ける義務を負うとしたうえで、これを正当な理由なく拒否した労働者に対する懲戒処分を有効としました。

【ここに注目！】

　結核からの社会防衛という見地から、相当の理由のない受診拒否者に対する懲戒処分を有効としたもので、以後の裁判例の先駆けとなった先例的価値があります。

◆4　平29.5.29基発0529第3号「雇用管理分野における個人情報のうち健康情報を取り扱うに当たっての留意事項について」

2）大建工業事件——大阪地決平15.4.16

【事案の概要】

　Y社従業員Xは、病気（うつ状態ないし自律神経失調症）休職期間満了直前に、病状が回復したとして、Y社に復職の申出をしました。Y社はXの復職可否の判断のために、医師の診断あるいは通院している医師の意見を聴取することをXに指示しましたが、従わなかったため、Xを解雇処分にしました。XはY社に対し、地位保全等の仮処分を請求して提訴しました。

【裁判所の判断】

　使用者は、復職可否を判断するために、労働者に対し、医師の診断あるいは医師の意見を聴取することの指示をすることができ、労働者はこの指示に従う義務があるとし、この義務に従わない労働者に対する解雇は、社会的相当性を欠くとはいえないと判断し、労働者の請求を却下しました。

【ここに注目！】

　休職していた労働者の復職にあたり、使用者は医師の診断等を指示することができます。本裁判例は、これに応じない労働者に対する解雇を有効としたものです。本件Y社は、復職判断について、Y社組合との協議や診断書提出期限を3回も延ばす等かなり配慮を尽くしており、裁判所の判断は、解雇に至る経緯が重視されたものと思われます。健診を受診しない労働者への企業対応の参考になる裁判例です。

CHECK LISTS

☐　健診は、病気の予防や早期発見に役立つため、事業者に対し、法定の健診を確実に実施すること、労働者に対し、事業者が実施する健診を受診することが義務づけられている

☐　事業者は、健診結果に関する個人情報の取扱いには特に注意して、適正に取り扱う必要がある

☐　部下が受診を拒否等する場合は、健診の必要性や自分自身に不利益な結果となることをきちんと説明し、受診義務について納得を得る

労働災害

《この事例で学習するポイント》

❶ 労働災害とは何か、どのような場合に労働災害と認められるかを知る

❷ 部下が労働災害に遭った際、管理職として何をすべきか理解する

《事例》

　部下が、取引先への訪問のため、営業車を運転中に事故に遭いけがをしました。管理職として、何をする必要があるでしょうか。

《解説》

1　基本解説

1）労働災害と労災保険法

　労働災害（以下「労災」）とは、業務・通勤による労働者の負傷・疾病・障害・死亡のことです。

　労働者は、労災に遭った場合、労災保険によって治療費や生活費などが補償されます。労災保険は、労災保険法で定める制度で、政府が管掌する強制保険です。労働者の迅速・公正な保護のために必要な保険給付を行い、負傷・疾病にかかった労働者の社会復帰促進や、遺族の援護、労働者の安全と衛生の確保

などを図るため、事業主に加入が義務づけられています。保険料を納めていない事業主の下での労災についても、保険給付はなされますが、この場合、政府から、事業主が保険料や追徴金を徴収されます。

　労災には、「業務災害」と「通勤災害」の2種類があります。

2）業務災害

　業務災害とは、労働者の業務上の負傷・疾病・障害・死亡（以下「傷病等」）のことをいいます。「業務上」と認められるには、業務と傷病等の間に、一定の因果関係が

必要です。認定基準は、傷病等の内容や発生原因などで異なります。

❶業務上の負傷

「業務遂行性」の3類型どれか（下記ア参照）にあたるか判断した後、「業務起因性」（下記イ参照）があるか判断し、両方に該当するものが「業務災害」と認められます。

ア　業務遂行性（事業主の支配・管理下にあること）

管理は、事業場や宿舎等の施設管理のことです。以下の3類型があります。

a．事業主の支配・管理下で業務に従事している場合 　例：所定労働時間や残業時間に働いているとき 　　　トイレ・水分補給など、生理的に必要な行為によって業務を中断しているとき 　　　作業の準備や片づけをしているとき
b．事業主の支配・管理下にあるが、業務に従事していない場合 　例：事業場内で休憩しているとき
c．事業主の支配下にあるが、その管理を離れて、業務に従事している場合 　例：出張中、事業場外で働いているとき 　※出張は、積極的な私的行為など特別な事情がない限り、異動・宿泊・食事中を含め、過程全般に業務遂行性が認められます

イ　業務起因性（負傷の原因が業務であること）

経験則上、「その業務に就いていなければ、このような負傷をしなかっただろう」「その業務に就いていれば、このような負傷をする危険があるだろう」と認められる場合、業務起因性があるといえます。事業場内の施設に関与がなく、天災（例外あり）や労働者の積極的な私的行為（任意参加の労働者間の飲み会や社内クラブ活動など）・いたずら・故意が負傷の原因である場合、業務遂行性があるとはいえません。以下は、業務起因性を判断する流れの例です。

aの業務遂行性を認定	・労働者が個人的に恨みを買い、他人になぐられて負傷した場合	➡ 業務起因性なし
	・業務を一時中断してトイレに行く途中、階段を踏み外し負傷した場合	➡ 業務起因性あり
bの業務遂行性を認定	・休憩時間、散歩中に交通事故に遭い負傷した場合	➡ 業務起因性なし
	・企業の活動に密接に関連している歓送迎会参加後、同僚を送迎中に、交通事故に遭い死亡した場合	➡ 業務起因性あり
cの業務遂行性を認定	・出張先のホテルに隣接する工場が爆発し、就寝中に火事で死亡した場合	➡ 業務起因性あり

❷業務上の疾病

労働者に生じる疾病については、多数の原因や条件が競合しています。そのうち、

職場・業務に内在する有害因子に遭遇（ばく露）して引き起こされるものが業務上の疾病です。❶同様「業務遂行性」と「業務起因性」が認められるかで判断します。

ア　業務遂行性

　労働者が事業主の支配・管理下にある状態で「疾病が発生すること」を意味しているのではなく、事業主の支配・管理下にある状態において「有害因子を受けること、または、受ける危険にさらされていること」を意味しています。

イ　業務起因性

　業務と発症原因との間および発症原因と疾病との間に、二重に因果関係があることを意味します。この因果関係は、業務が発症原因の形成に、発症原因が疾病形成に、それぞれ有力な役割を果たしたと医学的に認められることが必要となります。

　例えば、労働者が勤務時間中に脳出血を発症したとしても、その発症原因に足りる業務上の理由が認められない限り、業務と疾病との間に因果関係は成立せず、業務上の疾病とは認められません。一方、勤務時間外に脳出血を発症したとしても、業務上の有害因子にばく露したことによって発症したと認められれば、業務と疾病との間に因果関係が成立し、業務上疾病と認められます。

　一般的に、労働者に発症した疾病について次の3要件が満たされる場合には、原則として業務上の疾病と認められます。

a. 労働の場における有害因子の存在
有害因子とは、業務に内在する有害な物理的因子、化学物質、身体に過度の負担のかかる作業態様、病原体等の諸因子を指す。一般的な環境の場と職場の両方で同条件に発症原因となるものや、人の健康障害を引き起こすと知見が得られていないものは有害因子とはいえない
b. 有害因子へのばく露条件
健康障害を起こすのに足りる有害因子へのばく露があったかどうかが重要。ばく露の程度・期間・形態といったばく露条件の把握が必要
c. 発症の経過・病態
疾病の中には、ばく露した有害因子の性質、ばく露条件等によって有害因子へのばく露後短期間で発症するものもあれば、相当長期間の潜伏期間を経て発症するものもあるため、発症の時期は、有害因子へのばく露中または前後のみに限定されるものではないが、有害因子の性質やばく露条件等からみて医学的に妥当なものでなければならない。また、業務上の疾病の症状・障害は、一般的に有害因子の性質、ばく露条件等に対応する特徴をもつため、臨床医学、病理学、免疫学等の分野における医学的研究によって確立された知見に基づき判断する

　疾病の種類については、労基法の施行規則別表で列挙されており、該当する疾病は特段の反証のない限り業務上の疾病と認められます。ただし、列挙されていない疾病も業務起因性を認定できる場合、業務上の疾病として取り扱われます。以下、

事例の多い疾病や比較的新しい疾病による労災補償の取扱いについて解説します。

　・過重負荷による脳・心臓疾患

　　明らかな過重負荷のうち、具体的な労働時間に着目する次の2つの判断基準[1]が参考になります。過労死等をめぐる多くの裁判例でしばしば引用される基準です。

ⅰ）発症前1か月間～6か月間にわたって、1か月あたり概ね45時間を超えて時間外労働時間が長くなるほど、業務と発症との関連性が徐々に強まると評価できる

ⅱ）発症前1か月間に概ね100時間または発症前2か月間～6か月間にわたって、1か月あたり概ね80時間を超える時間外労働が認められる場合は、業務と発症との関連性が強いと評価できる

　・心理的負荷による精神障害

　　精神障害の業務起因性の認定要件は、次の3つです[2]。

ⅰ）発症した精神疾患が、業務との関連性で発病する可能性のある一定の精神疾患にあたること

ⅱ）発病前の概ね6か月間に業務による強い心理的負荷が認められること

ⅲ）業務以外の心理的負荷・個体側要因により発病したとは認められないこと

　・新型コロナウイルス感染症

　　当分の間、調査により感染経路が特定されなくても、業務により感染した蓋然性が高く、業務に起因したものと認められる場合には、これに該当するものとして、労災保険給付の対象となります。業務起因性の立証を事実上緩和しています[3]。

3）通勤災害

　通勤災害とは、労働者の通勤による傷病等のことをいいます。「通勤」とは、労働者が、就業に関し、①住居と就業場所との間の往復、②就業場所から他の就業場所への移動、③①の往復に先行または後続する住居間の移動（例：単身赴任者の赴任先住居と帰省先住居）を、合理的な経路および方法により行うことであり、上司の指示で、車で顧客を送る経路が通勤経路と重なる場合など、業務の性質を有するものを除きます。

　帰宅途中のスーパーでの食材購入など、日常生活上必要な行為で通勤経路から外れている間は「通勤」とは認められません。通勤経路に戻ったときから、再度「通勤」として認められます。

◆1　平13.12.12基発第1063号「脳血管疾患及び虚血性心疾患等（負傷に起因するものを除く。）の認定基準について」
◆2　平23.12.26基発第1226第1号「心理的負荷による精神障害の認定基準について」
◆3　令2.4.28補発第0428第1号「新型コロナウイルス感染症の労災補償における取扱いについて」

「通勤による」とは、経験則上、通勤と一定の因果関係にあることで、「通勤をしていなければ、このような負傷をしなかっただろう」「通勤していれば、このような負傷をする危険があるだろう」と認められる場合を指します。

4) 労災保険の種類と内容

被災労働者またはその遺族が、労働基準監督署長へ請求し、給付手続をします。
労災保険の種類と内容は以下の通りです。

療養補償	療養するとき、傷病が治癒するまで療養または療養費の給付を受けることができる
休業補償	療養のため労働できず賃金を受けられないとき、休業の4日目から支給される。最初の3日間は労基法の定める事業主の休業補償によるしかない
障害補償	傷病が治癒（症状固定）した後に障害が残ったとき、障害の程度に応じて支給される
遺族補償	労災により労働者が死亡したとき、原則、遺族年金として遺族の数等に応じ、支給される
葬祭料	労災により死亡した労働者の葬祭を行うとき、支給される
傷病補償年金	傷病が療養開始後1年6か月を経過した日等に障害の程度に応じ支給される
介護補償	障害年金または傷病補償年金受給者のうち条件にあてはまる者で、現に介護を受けているとき、支給される
二次健康診断等給付	事業主が行った直近の定期健康診断等で労働者が一定の条件にあてはまるとき、二時健康診断・特定保健指導がなされる

2　部下が業務中の事故でけがをした場合の管理職の対応（事例回答）

取引先への訪問のために営業車を運転していたことが原因で負傷したのですから、業務遂行性と業務起因性のいずれも認められます。治療のため、労災保険の給付手続を行えば、給付がなされます。給付手続は、原則として、請求書の事業主証明欄に事業主が記名等する必要があることと、被災労働者の利便から、実際には事業主が労災申請の代行をしていることが多いです。

管理職としては、労働者の労災申請がスムーズにいくよう、すみやかに担当部署に連絡を取り、事業主の証明を含めて、労働者の労災保険給付手続に協力してください。なお被災労働者が、休業補償給付を受ける場合、休業の初日から3日までは労災保険から支給されませんので、この間（待機期間）は、事業主が労基法に基づき休業補償（1日につき平均賃金の60%）を行うことになります。加えて、負傷中の労働者への業務負担配慮等、スムーズな職場復帰に向けて管理職として配慮するべきでしょう。

3　歓送迎会後の事故について労災にあたるかが判断された裁判例

国・行橋労基署長（テイクロ九州）事件──最判平28.7.8

【事案の概要】

　労働者Kは、Y社において営業企画等の業務を担当していましたが、中国人研修生の歓送迎会（費用はY社の福利厚生費より支出）に参加後、研修生らを送迎中に事故死しました。遺族Xは遺族補償給付等を請求しましたが、不支給決定となったため、決定取消を求めて提訴しました。

【裁判所の判断】

　最高裁は、不支給決定処分を妥当とした1、2審を破棄し、不支給処分決定を取り消しました。最高裁は、①Kは上司である部長の強い意向から歓送迎会に参加せざるを得なかったこと、②歓送迎会が研修の目的を達成するため企画され、親会社等との関係強化等に寄与するものであったこと、③Kの送迎は部長から要請されていた一連の行動（仕事を再開するため工場に戻る際、併せて研修生らを送っていく）の範囲内であることからKは本件事故の際Y社の支配下にあったとし、業務遂行性を認めました。

【ここに注目！】

　業務遂行性の判断について、従来の解釈を緩和したものと評価することができ、実務上大きな影響を与える裁判例です。

CHECK LISTS

☐	労災とは、通勤・業務による労働者の負傷・疾病・障害・死亡のことで、「業務災害」と「通勤災害」の2種類がある。労働者は、労災に遭った場合、労災保険によって治療費や生活費などが補償される
☐	労災のうち業務災害は、一定の基準に基づき業務遂行性と業務起因性の両方があると判断された場合に認められる
☐	管理職は、部下が労災に遭った際、労災申請がスムーズにいくよう、社内の担当部署への連絡など、労災保険給付手続に協力し、負傷中の業務負担等に配慮する

パワーハラスメント

《この事例で学習するポイント》

❶ パワハラに関する法と指針を十分に理解する

❷ パワハラに該当するか否かの判断基準を理解する

❸ 部下に対して、パワハラにならないよう適切な注意・指導を行う

《事例》

　パワハラと言われそうで、部下に注意や指導をするのが怖いです。上司として、どのように注意や指導をすればよいのでしょうか。

《解説》

1　基本解説

1)　パワハラをめぐる現状

　近年、パワーハラスメント(以下「パワハラ」)問題に関する都道府県労働局への相談件数や精神障害の労災認定件数が増加傾向にあります。パワハラ問題は人権侵害というだけでなく、人材の流出や、企業の信用・イメージ低下など、経営上大きな損失に繋がることから、その防止・対策は企業にとって喫緊の課題です。しかし、最近までパワハラに関して明確に規定する法律はなく、企業は自社で防止・対策をする必要がありました。

　そこで、2019年5月29日、労働施策総合推進法◆1が改正され、企業に、職場におけるパワハラ防止のための雇用管理上の措置を義務づける規定や、行政勧告に従わない場合の企業名の公表・厚生労働大臣への報告制度が設けられました。

　大企業は2020年6月1日から施行されており、中小企業は2022年4月1日から施行されます。

　なお、法改正に伴い、パワハラの定義や具体的な防止措置の内容などを示す指針(以

下「パワハラ指針」) ♦2 が出ています。

2）職場におけるパワハラとは

　職場におけるパワハラとは、職場において行われる、次の①から③の要素をすべて満たすものです。

　①優越的な関係を背景とした言動であること

　②業務上必要かつ相当な範囲を超えていること

　③労働者の就業環境が害されること

　ただし、客観的にみて、業務上必要かつ相当な範囲で行われる適正な業務指示や指導については、職場におけるパワハラに該当しません。

　個別の事案について、パワハラに該当するか判断する際は、①～③の要素の検討だけでなく、その言動によって労働者が受ける身体的または精神的な苦痛の程度等も総合的に考慮して判断する必要があります。

3）職場におけるパワハラの代表的な言動の類型

　パワハラ指針は、職場におけるパワハラの代表的な言動として、次の6類型とそれぞれの類型における該当例、非該当例を掲示しています。

（表）パワハラの6類型とそれぞれの類型に該当する例・該当しない例

類型	具体例
1　身体的な攻撃 （暴行・傷害）	該当例 ・殴打、足蹴り、相手に物を投げつける
	非該当例 ・誤ってぶつかる
2　精神的な攻撃 （脅迫・名誉棄損・侮辱・ひどい暴言）	該当例 ・人格を否定するような言動を行う（相手の性的指向・性自認に関する侮辱的な言動を行うことを含む） ・業務の遂行に関する必要以上に長時間にわたる厳しい叱責を繰り返し行う ・他の労働者の面前における大声での威圧的な叱責を繰り返し行う ・相手の能力を否定し、罵倒するような内容の電子メール等を当該相手を含む複数の労働者宛てに送信する
	非該当例 ・遅刻など社会的ルールを欠いた言動が見られ、再三注意してもそれが改善されない労働者に対して、一定程度強く注意をする ・その企業の業務の内容や性質等に照らして重大な問題行動を行った労働者に対して、一定程度強く注意をする

♦2　令2.1.15厚生労働省告示第5号「事業主が職場における優越的な関係を背景とした言動に起因する問題に関して雇用管理上講ずべき措置等についての指針」

3　人間関係からの切り離し（隔離・仲間外し・無視）	該当例 ・自身の意に沿わない労働者に対して、仕事を外し、長期間にわたり、別室に隔離したり、自宅研修させたりする ・1人の労働者に対して同僚が集団で無視をし、職場で孤立させる	
	非該当例 ・新規に採用した労働者を育成するために短期間集中的に別室で研修等の教育を実施する ・懲戒規定に基づき処分を受けた労働者に対し、通常の業務に復帰させるために、その前に、一時的に別室で必要な研修を受けさせる	
4　過大な要求（業務上明らかに不要なことや遂行不可能なことの強制・仕事の妨害）	該当例 ・長期間にわたる、肉体的苦痛を伴う過酷な環境下で、勤務に直接関係のない作業を命じる ・新卒採用者に対し、必要な教育を行わないまま到底対応できないレベルの業績目標を課し、達成できなかったことを厳しく叱責する ・労働者に業務とは関係のない私的な雑用の処理を強制的に行わせる	
	非該当例 ・労働者を育成するために現状よりも少し高いレベルの業務を任せる ・業務の繁忙期に、業務上の必要性から、当該業務の担当者に通常時よりも一定程度多い業務の処理を任せる	
5　過小な要求（業務上の合理性なく能力や経験とかけ離れた程度の低い仕事を命じる・仕事を与えない）	該当例 ・管理職である部下を退職させるため、誰でも遂行可能な業務を行わせる ・気にいらない労働者に対して嫌がらせのために仕事を与えない	
	非該当例 ・労働者の能力に応じて、一定程度業務内容や業務量を軽減する	
6　個の侵害（私的なことに過度に立ち入る）	該当例 ・労働者を職場外でも継続的に監視したり、私物の写真撮影をしたりする ・労働者の性的指向・性自認や病歴、不妊治療等の機微な個人情報について、当該労働者の了解を得ずに他の労働者に暴露する	
	非該当例 ・労働者への配慮を目的として、労働者の家族の状況等についてヒアリングを行う ・労働者の了解を得て、当該労働者の性的指向・性自認や病歴、不妊治療等の機微な個人情報について、必要な範囲で人事労務部門の担当者に伝達し、配慮を促す	

4）雇用管理上の措置

　労働施策総合推進法は、企業などの事業主に対し、パワハラ防止のための雇用管理上の措置として次の❶〜❹を義務づけています。義務づけられているのは企業ですが、

部下を注意・指導する者として、管理職も対応する必要があります。

❶事業主の方針の明確化およびその周知・啓発を行うこと

　　例：研修を実施する

❷相談（苦情を含む）に応じ、適切に対応するために必要な体制の整備を行うこと

　　例：相談窓口をあらかじめ定め、労働者に周知する

❸職場におけるパワハラに係る事後の迅速かつ適切な対応をすること

　　例：事実関係を確認できた場合に、行為者に対して必要な懲戒その他の措置を講ずる

❹❶～❸と合わせて講ずべき措置

ア　相談者・行為者等のプライバシー保護のための措置を講ずるとともに、その旨を労働者に対して周知すること

　　例：相談者や行為者等のプライバシー保護のために、相談窓口の担当者に必要な研修を行う

イ　相談等を理由とした不利益取扱いの禁止を定め、労働者に周知・啓発すること

　　例：就業規則に、パワハラに関し相談を行ったことを理由に解雇その他の不利益な取扱いをされない旨を規定し、労働者に周知・啓発する

2　部下への注意・指導の仕方（事例回答）

　パワハラは被害者を傷つける悪質な行為のため、加害者は懲戒処分等を受ける可能性があります。管理職は、職場におけるパワハラ要素のひとつである「優越的な関係」が認められやすく、具体的事案では、「注意・指導」なのか「パワハラ」なのか判断が中々難しい場合があり、悩む管理職も多いと思います。ただ、パワハラとなるのを怖がっているだけでは、管理職の業務を遂行することができなくなり、管理職としての資質を問われることにもなります。

　管理職としては、次の点に注意をして、適切な注意・指導をするべきです。

❶労働施策総合推進法とパワハラ指針について正確かつ十分な知識を得る

　　例えば、書籍を読む、外部の研修に参加する、企業に対し、パワハラ対策の一環として、管理職研修・一般社員研修等で知識を得るための機会を与えるよう働きかけることが考えられます。

　　パワハラに関して、不十分な知識しかない上司は、自信をもって注意・指導ができません。部下から「パワハラでは？」と言われても、パワハラに該当しないことを丁寧に説明できるだけの正しい知識があってこそ、自信をもって注意・指導を行

うことが可能です。

❷適切なコミュニケーションを取る

　例えば、企業の信用を傷つけることにつながるため等、注意・指導の理由や、次にミスをしないためのアドバイスを理解できるよう丁寧に説明することが考えられます。注意・指導中の部下の態度から、不満を持っている・理解していないと感じた場合、上司は率直に「自分の指導内容にわからないことはないか、あなたの意見があれば言ってほしい」と伝えるのもよいでしょう。

　パワハラを引き起こしてしまう人は、感情的になって、大声を出したり、「会社をやめろ」等思わず不適切な言葉を発してしまうことがあります。注意・指導の際には、「冷静に、感情的にならない」と常に頭に置くことが大事です。

　また、職場のコミュケーション不足が、パワハラ発生の原因や背景にある場合も多いです。部下との適切なコミュニケーションの取り方を学ぶ研修が実施されていない場合は、ハラスメント対策の一環として、その実施を上層部に働きかけることも考えられます。

❸他の社員の前で叱責する等、心理的に部下を追い詰めるような方法を避ける

　たとえ部下の側に業務命令違反等の問題や過失がある場合でも、注意・指導にあたっては、部下の自尊心を傷つけることのないよう配慮が必要です。

❹「注意・指導」か「パワハラ」かが問題になった裁判例について正確かつ十分な知識を得る

　前出パワハラ指針の、職場におけるパワハラの代表的な言動6類型と各類型の該当例・非該当例は、実例にそのまま使えるわけではありません。例えば「精神的な攻撃」の非該当例には「一定程度強く注意すること」とありますが「一定程度」とはどの程度なのかがわかりにくいです。参考となるのが裁判例であり、書籍や法律の専門家が解説するセミナー等で知識を得ることが考えられます。

3　「注意・指導」か「パワハラ」か判断された裁判例

1)　三洋電機コンシューマーエレクトロニクス事件──広島高松江支判平21.5.22

【事案の概要】

　Ｙ1社の人事担当者Ｙ2は、同僚Ａについて「Ａは以前の職場で何億円も使い込んで異動させられた」等の誹謗中傷をした準社員Ｘに対し注意・指導をするために、人事課会議室にＸを呼び出し、面談を実施しました。しかし、Ｘが終始ふてくされたような態度を取り、横を向いて、不遜な態度を取り続けたため、Ｙ2は腹をたて感情

的になり、大きな声で「全体の秩序を乱すような者はいらん。一切いらん」等Xを叱責しました。Xは、Y2との会話を秘密録音しており、Y2からパワハラを受けたとして、Y1およびY2に対し不法行為による損害賠償請求訴訟を提訴しました。

【裁判所の判断】

　高等裁判所は、「Xの言動に誘発された面があるとはいっても、やはり、会社の人事担当者が面談に際して取る行動としては不適切である」とし「社会通念上許容される範囲を超え、パワハラ（不法行為）を構成する」として、慰謝料10万円の支払いをY1・Y2に命じました。

【ここに注目！】

　問題行動をおこした社員に対する注意・指導がパワハラ（不法行為）を構成するとした裁判例です。特に、「全体の秩序を乱すような者はいらん。一切いらん」という、相手労働者の労働者としての地位に関する発言が重要であり、裁判の結論を左右した表現であったと考えられます。他の裁判例でも、退職強要につながるような「給料泥棒」「まだいるのか」「うつ病みたいな辛気くさいやつは、うちの会社にはいらん」等の表現について、単なる業務指導の域を超えて、人格を否定する域に達しているとして、それだけでパワハラに該当すると認めています。

　上司の心構えとして、対象労働者に重大な問題行動がある場合でも、指導・教育をするのに感情的な言葉を使ってはならないこと、常に冷静な対応が必要ということを肝に銘じてください。

2）医療法人財団健和会事件——東京地判平21.10.15

【事案の概要】

　Yの経営する病院の事務総合職として採用されたXは、単純ミスを繰り返すことから、上司から時には厳しく注意・指導を受けていました。Xは、上司の注意・指導はパワハラに該当し、これにより適応障害になったと主張して、Yに対し損害賠償請求訴訟を提訴しました。

【裁判所の判断】

　Xの事務処理上のミスや事務の不手際は、正確性を要請される医療機関においては見過ごせないもので、これに対する上司による都度の注意・指導は必要かつ的確なものであり、一般に医療事故は単純ミスがその原因の大きな部分を占めることは顕著な事実であり、そのために上司がXを責任ある常勤スタッフとして育てるため、単純ミスを繰り返すXに対し、時には厳しい指摘・指導や物言いをしたことが窺われるが、それは生命・健康を預かる職場の管理職が医療現場において当然になすべき業務の指

示の範囲内にとどまるものであると判示し、Xの損害賠償請求を棄却しました。

【ここに注目！】

　注意・指導が、業務上必要かつ相当な範囲内としてパワハラを否定した裁判例です。生命・健康を預かる医療現場での上司の言動であるため、時に厳しい物言いがあっても「上司による都度の注意・指導は必要かつ的確なものである」と裁判所は判断しました。業務の内容や性質によっても判断が分かれるということがわかります。

CHECK LISTS

☐ 職場におけるパワハラは、職場において行われる次の3つの要素をすべて満たすものである
①優越的な関係を背景とした言動であること
②業務上必要かつ相当な範囲を超えていること
③労働者の就業環境が害されること

☐ 上司は、部下に注意・指導をする際、パワハラになってしまわないよう、以下に注意する必要がある
①常に冷静に、感情的にならないよう気をつける
②他の社員の前で叱責する等、心理的に部下を追い詰めるような方法を避ける
③法令や裁判例から、パワハラに関する正しい知識を得る

セクシュアルハラスメント

《この事例で学習するポイント》

❶ セクハラに関する法と指針を十分に理解する

❷ セクハラの内容や具体的な判断基準を十分に理解する

❸ セクハラに対する相談を受けた場合に、放置せず適切に対処する

《事例》

　部下Xに「得意先であるY社の社員Zから、打合せのたびに性経験を聞かされる等、言葉によるセクハラを受けています。ずっと我慢していましたが、とても不快で、もうZと顔を合わせたくありません」と相談されました。上司として、どう対応したらよいでしょうか。

《解説》

1　基本解説

1) 職場におけるセクハラとは

　職場におけるセクシュアルハラスメント（以下「セクハラ」）とは、「職場において行われる、労働者の意に反する性的な言動で、それに対する労働者の対応により仕事を遂行するうえで、一定の不利益を受けたり、就業環境が害されること」です。

　セクハラの定義や事業主の雇用管理上の措置義務は男女雇用機会均等法で定められており、その具体的な内容は指針（以下「セクハラ指針」）♦1 で示されています。セクハラと区

交際経験は？
私はね〜

別して、ジェンダーハラスメント※1という概念を提唱する考えもありますが、人事院規則♦2は、これもセクハラとなり得る言動としています。

2) セクハラの内容

　職場におけるセクハラは、次の2つに分類できます。

♦1　平18.10.11厚生労働省告示第615号「事業主が職場における性的な言動に起因する問題に関して雇用管理上講ずべき措置についての指針」

♦2　国家公務員のセクハラ防止に関する人事院規則10-10（セクシュアル・ハラスメントの防止等）

《用語解説》　※1　ジェンダーハラスメント：性に関する固定観念や差別意識に基づく言動。例えば、男性を「男の子」「おじさん」、女性を「女の子」「お嬢さん」「おばさん」などと人格を認めないような呼び方をしたり、女性であるというだけでお茶くみや掃除などを強要すること

❶対価型セクハラ

　労働者の意に反する性的な言動に対する労働者の対応（拒否や抵抗）により、その労働者が、解雇・降格・減給等、労働条件の不利益を受けること

❷環境型セクハラ

　労働者の意に反する性的な言動により労働者の就業環境が不快なものとなったため、能力の発揮に重大な悪影響が生じる等、その労働者が就業するうえで看過できない程度の支障が生じること（身体的接触だけでなく、卑わいなポスターの掲示等視覚的なものや言葉も含む）

3）セクハラの具体的な判断基準

　セクハラに該当するか否かは、次の❶〜❽等の個別具体的な基準を考慮し、総合的に判断します。

❶性的な言動の態様・違法性の程度

　強制わいせつにあたるような行為は、他の要素を考慮せずとも明らかにセクハラです。

❷被害者の主観（不快感）、対応

　セクハラは、性的な自己決定権という個人の尊厳にとって重要な人権を侵す言動です。性に関する受け止め方には個人差があるため、被害者の主観が重視されます。

❸性的な言動のなされた状況

❹行為者の意図

❺行為者の職務上の地位

❻両者のそれまでの関係

❼性的な言動の行われた場所

❽性的な言動の反復・継続性

4）セクハラの被害者

　職場におけるセクハラは、異性間で起こるものというイメージが強いかもしれません。しかし、被害者の性的指向（どのような性別の人を好きになるか）や性自認（自分の性をどのように認識しているか）は問われません。同性間の言動やLGBTQに対する言動も含まれます。

5）2019年の男女雇用機会均等法と指針改正のポイント

　2019年1月、セクハラ防止対策強化のため、男女雇用機会均等法のセクハラに関する規定とセクハラ指針が改正されました。主なポイントは次の3つです。

　①加害者である「性的な言動を行う者」に、労働者を雇用する事業主（法人の場合

は役員）、上司、同僚に限らず、取引先等の他の事業主、その労働者、顧客等が含まれると明記されました。

②自社の労働者等（役員含む）が他社の労働者等からセクハラを受けた場合、必要に応じて他の事業主に事実関係の確認等への協力を求めることが事業主の措置義務として定められました。

③自社の労働者等による他社の労働者等に対するセクハラについて、他社から事実関係の確認等の協力を求められた場合、応じるよう努める義務が新設されました。

2　他社社員からのセクハラへの対応（事例回答）

　指針で明記されているように、「性的な言動を行う者」、つまりセクハラの行為者には、取引先の社員も含まれます。また言葉だけであっても、環境型セクハラに該当しますので、行為者が得意先だからといって、対処せず放置することは、セクハラを助長する結果となるため、避けましょう。上司としては、次のような対応をすべきです。

❶事実関係の迅速かつ正確な確認

　自社にセクハラ相談窓口等がある場合には、その担当者と連携して（ない場合は人事部や現場の管理職等が担当）、企業としてＹ社に事実関係の確認の協力を求めましょう。男女雇用機会均等法では、他社からの協力要請を受けた場合、事業者は協力に努める義務が定められており、セクハラ指針では、協力要請をした他社に、契約解除等の不利益な取扱いをすることは望ましくないと定められています。

❷今後に向けた対応方法の決定

　セクハラの事実が確認された場合、ハラスメント対応担当者を通じて、Ｙ社に対し、ＸとＺとが仕事上接触しないように、仕事場所を変えるよう働きかけましょう。セクハラの事実が確認された場合、被害者Ｘが加害者Ｚの懲戒処分を望んでいるかどうかにかかわらず、懲戒処分の有無やその内容はＺの雇用主であるＹ社が決定します。Ｙ社としては、得意先という立場に乗じた行為で、非難されるべき行為であることや、企業イメージを損ねる等の理由からＺに相当の懲戒処分をなすことが可能です（後記 3 の裁判例参照）。

3　他の事業主の労働者へのセクハラ行為に対する懲戒処分について有効性を判断した裁判例

加古川市事件——最判平30.11.6

【事案の概要】

　A市職員のX（男性）は勤務時間中、コンビニ店員B（女性）の手首を掴んで引き寄せ、自分の股間に軽く触れさせる等のセクハラ行為をしました。コンビニのオーナーは、Xの所属部署にセクハラを申告するメールを送付しましたが、Bは再発防止を重視し、Xの懲戒処分を望んでいませんでした。しかし、A市は、新聞で報道されたこともあって、Xに対し停職6か月の懲戒処分を行いました。Xは、懲戒処分取消を求めて提訴しました。

【裁判所の判断】

　最高裁は、本件セクハラが客と従業員の関係にあって拒絶が困難であることに乗じて行われたものであり、厳しく非難されるべき行為であって、A市の公務一般に対する住民の信頼を大きく損なうものである等の事情から、A市による懲戒処分を有効としました。

【ここに注目！】

　セクハラに対する社会の意識が非常に高まっていると感じさせる最高裁の判断です。この裁判例からも、自社社員による他社社員への言動もセクハラに該当することや、被害者が望んでいなくても懲戒処分が行われることがあるとわかります。

CHECK LISTS

☐　職場におけるセクハラとは、「職場において行われる、労働者の意に反する性的な言動で、それに対する労働者の対応により仕事を遂行するうえで、一定の不利益を受けたり、就業環境が害されること」である

☐　セクハラは、被害者の性的指向・性自認を問わず認められ、被害者／加害者には他社社員や顧客も含まれる

マタニティハラスメント

《この事例で学習するポイント》

❶ マタハラに関する法と指針を十分に理解する

❷ マタハラの内容や妊娠、出産、育児休業に関する制度を十分に理解する

❸ 妊娠中の女性部下から、妊娠の報告や軽易業務への転換請求等を受けた場合に、
  適切な対応を取る

《事例》

　妊娠中の部下 X から、「同僚 Y に、『体調が不安定なので、上司に相談してしばらく業務を減らしてもらうつもりだ』と伝えて以降、顔を合わせるたびに『皆が迷惑するから、忙しい時期に仕事量を減らさないで』と言われている。これはマタハラではないか」と相談を受けました。上司として、どのような対応をしたらよいでしょうか。

《解説》

1　基本解説

1）職場におけるマタハラとは

　職場におけるマタニティハラスメント（以下「マタハラ」）とは、妊娠・出産・育児休業の取得を理由に、職場で、精神的・肉体的な嫌がらせをしたり、企業が労働者に対し、解雇・降格などの不利益な取扱いをすることです。

忙しい時期に
仕事量を減らさないで

　ただし、業務分担や安全配慮等の観点から、客観的にみて、業務上の必要性に基づく言動によるものについては、マタハラには該当しません。

　2014年に最高裁が「妊娠・出産等を理由にした降格処分は原則無効」と判断したことで、社会的に注目され、男女雇用機会均等法や育児・介護休業法での規制に繋がりました。事業主にはマタハラの防止措置を講じることも義務づけられています。具体

的な内容はマタハラに関する指針◆1と、育児休業等に関するハラスメントに関する指針◆2に示されています。

　マタハラは、広義では、男女雇用機会均等法で禁止されている「妊娠・出産等に関するハラスメント」と、育児・介護休業法で禁止されている「育児休業等に関するハラスメント」の2種類があります。

　後者をマタハラとは区別して捉える考え方もありますが、本書では広く捉え、両者をマタハラとして解説していきます。

2) 妊娠・出産等に関するハラスメントとは

　上司・同僚による、女性労働者に対する就業環境を害する言動です。次の❶❷に分類されます。

❶制度等の利用への嫌がらせ型

　出産・育児・介護に関連する社内制度の利用に際し、当事者が利用を諦めざるを得ないような言動で制度利用を阻害する行為です。

> **典型例**
> ・産前休業の取得を上司に相談したところ「休みを取るなら辞めてもらう」と言われた
> ・産後、育児時間の請求をしようとしたところ、上司から「皆が迷惑するから、請求を取り下げるべきだと思う」と言われ、請求を諦めざるを得ない状況に追い込まれた

（表）妊娠・出産した女性労働者からの請求に事業主が利用させる法的義務を負う制度や義務等

産前・産後休業 （労基法）	妊娠した女性労働者が請求した場合、産前6週間（多胎妊娠の場合は14週間）以内の期間については、女性を就業させることはできない。出産日は産前休業に含まれる。産後8週間は、原則として女性を就業させることはできない（うち6週間は強制的休業）
母性健康管理措置を講ずる義務（男女雇用機会均等法）	妊産婦※1が請求した場合、妊産婦のための保健指導等に必要な時間の確保や医師からの指導事項を守れるような措置（例：時差通勤等）をしなければならない
時間外・休日労働、深夜業の制限（労基法）	妊産婦が請求した場合、時間外・休日労働、深夜業をさせることはできない
変形労働時間の適用制限（労基法）	変形労働時間制がとられている場合であっても、妊産婦が請求した場合は、1日および1週間の法定労働時間を超えて就業させてはならない

◆1　平成28.8.2厚生労働省告示第312号（一部改正：令2.1.15厚生労働省告示第6号）「事業主が職場における妊娠、出産等に関する言動に起因する問題に関して雇用管理上講ずべき措置についての指針」

◆2　平成21.12.28厚生労働省告示第509号（一部改正：令2.1.15厚生労働省告示第6号）「子の養育又は家族の介護を行い、又は行うこととなる労働者の職業生活と家庭生活との両立が図られるようにするために事業主が講ずべき措置に関する指針」

軽易業務への転換 （労基法）	妊娠中の女性が請求した場合には、他の軽易な業務に転換させねばならない
坑内業務の就業制限 （労基法）	坑内業務に従事しないことを申し出た産後1年以内の女性労働者には、坑内で行われるすべての業務に就かせることはできない
危険有害業務の就業 制限（労基法）	女性労働基準規則で定められている業務について、妊産婦が申し出た場合、就かせてはならない
育児時間 （労基法）	生後満1歳未満の子を育てる女性が請求する場合、1日2回、それぞれ少なくとも30分の育児時間を与えなくてはならない

　なお、女性労働者が請求しなくても事業主が実施義務を負う制度もあるので、注意しましょう。

　例えば、産後6週間は出産した女性労働者を就業させることができない強制的な休業期間として定められており、違反すれば事業主は労働基準法違反として責任を問われることになります。

❷状態への嫌がらせ型

　下記5つの妊娠または出産に関する言動により就業環境が害されるものです。

ア　妊娠したこと

イ　出産したこと

ウ　坑内業務や危険有害業務の就業制限により業務に就くことができない／従事しなかったこと

エ　産後の就業制限により就業できない／産後休業をしたこと

オ　妊娠または出産に起因する症状[※2]により、労務の提供ができない／できなかった／労働能率が低下したこと

典型例

・上司に対し妊娠を報告したところ、上司から「他の人を雇うので早めに辞めてもらうしかない」と言われ、辞めざるを得ないのかと精神的に追い込まれた

3）育児休業等に関するハラスメント

　育児・介護休業法等で定める制度または措置（以下「制度等」）の利用に関し、職場において行われる、上司・同僚による労働者に対する就業環境を害する言動のことです。

　制度等は、具体的には次の❶～❿があります。

❶育児休業

《用語解説》　※2　妊娠または出産に起因する症状：つわり、妊娠悪阻、切迫流産、出産後の回復不全等、妊娠または出産をしたことに起因して妊産婦に生じる症状のこと

❷介護休業

❸子の看護休暇

❹介護休暇

❺所定外労働の制限

❻時間外労働の制限

❼深夜業の制限

❽育児のための所定労働時間の短縮措置（就業規則にて措置を講じる義務が事業主にあります）

❾始業時刻変更等の措置（就業規則にて措置を講じる義務が事業主にあります）

❿介護のための所定労働時間の短縮措置（就業規則にて措置を講じる義務が事業主にあります）

❽～❿は、就業規則により措置が講じられていることが必要です。

なお、このハラスメントの対象となるのは、育児・介護に関する制度等を利用する（利用しようとする／利用した）労働者であれば性別を問わないので注意してください。また、上司が単に個人的に請求等をしないよう言うのではなく、事業主として制度等の利用を認めない場合については、そもそも制度等の利用ができる旨を規定している育児・介護休業法違反の問題となります。

典型例

・男性社員が、育児休業の取得について上司に相談したところ、「男なのに育児休業を取る必要あるか？　今後のキャリアに響くから、そんな請求はするな」と言われ、取得を諦めざるを得ない状況に追い込まれた

2　同僚からのマタハラについての対応（事例回答）

1）軽易な業務への転換請求

労基法により、妊娠中の女性が、軽易な業務への転換を請求した場合、事業主は、その請求を拒否できず、他の軽易な業務に転換させなければなりません。

軽易業務への転換には、職種や職務内容の変更のほか、同じ業務の中の重労働部分を外したり、仕事量を減らしたり、休憩時間を増やしたり、労働時間帯を変更する等が含まれます。

職種や職務内容上、軽易な業務がない場合も、事業主は軽易業務転換の請求を拒否することはできません。新たに軽易な業務を創設する義務まではありませんが、同じ業務の中の重労働部分を外す・仕事量を減らす・休憩時間を増やす等、きめ細かい措

置を講ずる義務があります。

　妊娠を理由に、部下から軽易業務転換の請求を受けた場合、上司としては、人事労務担当と連携を取りながら、部下の体調と意向に合わせて軽易な業務への転換をはかるよう柔軟な対応をするべきです。

2）同僚Ｙによる言動

　Ｙは、軽易な業務への転換を請求しようとしているＸに対し、請求しないよう何回も発言しています。職場において行われる、同僚による労働者に対する就業環境を害する言動なので、「制度等の利用への嫌がらせ型」のマタハラに該当します。

　上司としては、Ｙをはじめ、他の同僚に対し、Ｘの請求が、母性保護のために非常に大事な請求であり、請求を躊躇させるような言動は、マタハラになることを丁寧に説明し、納得させてください。また、言葉が原因でＸが傷つく可能性もあり、裁判にまで発展するような深刻なマタハラ問題になってしまうこともあることを十分に説明してください。職場のコミュニケーション不足がハラスメントの原因となることも多いため、日頃から職場のコミュニケーションの円滑化に努めることも大事です。

　さらに、Ｘの軽易業務転換による穴を埋めるための負担が、他の同僚にできるだけ及ばないよう、仕事の仕方を工夫したり、人事労務担当等と協議して、他部署から応援に来てもらう等対応を考えましょう。

　なお、上司が事例のＹと同じようなマタハラ発言をした場合、管理職という責任ある立場である以上、1回の発言でもマタハラに該当します。実際に、後記3の裁判例のように、上司に慰謝料の支払いが命じられた事例もあります。この点、管理職はしっかりと自覚することが必要です。

3　マタハラと健康配慮義務が問題となった裁判例

ツクイほか事件——福岡地小倉支判平28.4.19

【事案の概要】

　Ｙ1社が経営するデイサービスのＡ営業所で介護職員として勤務していたＸ（女性）は、上司のＡ営業所所長Ｙ2に対して妊娠（当時妊娠4か月）を報告し、業務軽減等の要望をしました。その際、Ｙ2は、Ｘに対し、「妊婦として扱うつもりはない」「万

が一何かあっても自分は働きますという覚悟があるのか」等、妊娠による業務軽減等の要望が許されないとの認識を与えかねない言動をしました。Ｙ１社は、Ｘによる妊娠の報告を受けてから、２度目の業務軽減の申出を受けるまでの約４か月間、業務軽減の措置を取りませんでした。Ｘは、Ｙ１およびＹ２に対し、慰謝料等の支払いを求めて提訴しました。

【裁判所の判断】

　妊娠を理由とする業務軽減に関する面談時に、Ｙ２がＸに対し行った発言は、相当性を欠き、社会通念上許容される範囲を超えたものであり不法行為が成立するとしました。また、Ｙ２の言動についてＹ１の使用者責任を肯定するとともに、妊婦への健康配慮義務を認め、約４か月間業務軽減に対応しなかったことは、就業環境整備義務に違反するとして、債務不履行責任を肯定しました。その結果、裁判所はＹ１およびＹ２が連帯して、Ｘに対し慰謝料を支払うよう命じました。

【ここに注目！】

　本裁判例では、妊婦女性労働者の人格権と、上司の発言についての不法行為責任（事業主との連帯責任）を認め、上司が妊娠した部下の女性労働者を非難するような言動をすることは、マタハラに該当すると判断されました。女性の部下から妊娠の報告を受けたら、上司は、すみやかに人事労務担当に連絡し、適切な対応をすべきです。

CHECK LISTS

- [ ] 職場におけるマタハラとは、「妊娠・出産・育児休業の取得を理由に、職場で、精神的・肉体的な嫌がらせをしたり、企業が労働者に対し、解雇・降格などの不利益な取扱いをすること」である

- [ ] 妊娠・出産・育児休業等の取得や、妊婦の軽易業務への転換等で、業務に変更が生じる際は、適宜人事労務担当等と連携を取り、制度を利用する部下の体調や意向に配慮しながら、他の部下にできる限り負担がかからないよう対応する必要がある

メンタルヘルス

《この事例で学習するポイント》

❶ メンタルヘルスとは何か、メンタルヘルス不調のリスクを理解する

❷ メンタルヘルスケアの重要性、具体的な内容を知る

❸ メンタルヘルス不調・不調が疑われる部下にどう対処すればよいか知る

《事例》

　普段明るい部下が、最近心ここにあらずといった様子で、仕事にも集中できていません。部下のプライバシーもある中、上司としてどう対処すればよいでしょうか。

《解説》

1　基本解説

1)　メンタルヘルスとは

　メンタルヘルスとは、心の健康のことです。近年、仕事に関し強い不安・悩み・ストレス（心理的負荷）を感じ、心身の健康のバランスを崩してメンタルヘルス不調（以下「メンタル不調」）になる労働者が増加しています。また、メンタル不調による休職・自殺で、労災認定されたり、安全配慮義務違反として裁判で事業者の責任が問われるケースも増加しています。

　メンタル不調は、精神疾患、自殺、不眠、飲酒量増加、目の焦点が合わない、表情が暗いなど、心と行動の問題が見られる状態を指します。仕事に関する心理的負荷や、長時間労働などによる慢性疲労がきっかけで、誰にでも起こり得るものです。仕事以外の出来事も心理的負荷となり得ます。

　予防には、疲労や心理的負荷を解消・軽減するメンタルヘルスケア（心の健康の保持増進）が重要ですが、個人の努力による改善が難しい場合もあります。また、メンタル不調者を放置すると、当人はもちろん、他の労働者の生産性が低下することがわ

かっています。メンタルヘルスケアは事業者・労働者双方にとって重要なのです。

2）メンタルヘルスケアのために事業者がすべきこと

　厚生労働省は「メンタルヘルス指針」[1]で事業者にメンタルヘルスケアの原則的な実施方法を示しています。以下、事業者が具体的に実施すべき主な事項を解説します。

❶心の健康づくり計画

　メンタルヘルスケアは、継続的かつ計画的に行うことが重要です。また、労働者の意見を聴きつつ、事業場の実態に即して取り組む必要もあります。そのため、衛生委員会等で十分な調査審議を行ったうえで、方針の表明・体制整備・労働者の健康情報の保護などの事項を盛り込んだ「心の健康づくり計画」を策定し、実行します。

❷「3つの予防」と「4つのケア」

　「心の健康づくり計画」実施には、「3つの予防」が円滑に行われるようにする必要があり、その取組みでは、「4つのケア」を効果的に推進する必要があります。

ア　3つの予防

一次予防	ストレスチェック制度活用や職場環境等の把握・改善を通じ、メンタル不調を未然に防止する
二次予防	メンタル不調を早期に発見し、適切な措置を行う
三次予防	メンタル不調となった労働者の職場復帰支援等を行う

イ　4つのケア

セルフケア[2]	労働者自身（管理監督者含む）がメンタルヘルスの保持増進のために行うこと。事業者は、労働者が次のようなセルフケアを行えるよう教育研修・情報提供を行うなど支援する 例：ストレスやメンタルヘルスに対する正しい理解、ストレスへの対処 　　　ストレスチェック制度などを活用したストレスへの気づき　　　など
ラインによるケア	管理監督者が労働者のメンタルヘルスの保持増進のために行うこと 例：職場環境等の把握と改善を通じたストレスの軽減（机配置を変更する、長時間労働や過大な作業量を避けるため業務の進捗などこまめにコミュニケーションを取る） 　　　労働者からの相談対応、職場復帰における支援　　　など
事業場内産業保健スタッフ等によるケア	産業医や保健師、衛生管理者などの事業場内産業保健スタッフ等が、労働者（管理監督者含む）のメンタルヘルスの保持増進のために行うこと 例：具体的なメンタルヘルスケアの実施に関する企画立案 　　　事業場外資源とのネットワークの形成やその窓口　　　など
事業場外資源によるケア	医療機関、精神保健福祉センターなど、メンタルヘルスの支援を行う専門機関・相談機関などの事業場外資源が、事業場のメンタルヘルスケアを支援すること 例：情報提供や助言を受ける等のサービスの活用　　　など

◆1　平18.3.31公示第3号「労働者の心の健康の保持増進のための指針」
◆2　厚生労働省ホームページ「こころの耳　働く人のメンタルヘルス・ポータルサイト」には、自分自身のストレス等をチェックするツールが掲載されています

❸ストレスチェック制度

　ストレスチェックとは、安衛法で、労働者が50人以上いる事業場に実施が義務づけられているもので、労働者にストレスへの気づきを促すとともに、ストレスの原因となる職場環境を改善し、一次予防につなげる目的があります。結果は、検査を実施した医師等から直接受検者本人に通知され、本人の同意なく事業者に提供することは禁止されています。面接指導を受ける必要があるとされた高ストレスの労働者から申出があった場合、医師による面接指導を実施します。

　事業者は、ストレスチェックの結果に基づく医師の意見を勘案し、必要に応じて労働時間の短縮等、適切な就業上の措置を講じなければなりません。事業者が放置したことで労働者のメンタル不調が悪化した場合、事業者は労働者に対する安全配慮義務に違反したものとして、法的責任を問われる可能性があります。なお、50人未満の事業場では、実施は「当分の間」努力義務となっていますが、セルフケアやラインケア等実施できるところから着実に取り組んでいくことが望ましいです。

❹その他

　健康情報を含む労働者の個人情報保護には十分配慮し、個人情報保護法を遵守するなど、適切な取扱いを図ることが大切です。

　また、健康情報は、労働者の健康確保に必要な範囲で利用されるべきものです。メンタル不調等を理由として解雇などの不利益な取扱いをしてはなりません。

2　メンタル不調者と思われる部下への対応（事例回答）

　メンタルヘルスに関する問題では、上司の責任・役割は重大です。部下のメンタル不調を放置した上司が責任を問われた裁判例もあります。上司としては対応に十分注意し、いつもと様子が違う等の異変に気づいたら、部下に声をかけ、個室等のプライバシーを保った環境で、困ったことはないか・体調はどうかなど、話を十分に聴いてください。「心配だから医者に診てもらった方がいい。自社の産業医を利用してみるのはどうか」「治るものだから、無理せず、それまで休んでも大丈夫」等、部下の気持ちに寄り添ったコミュニケーションを取り、信頼関係を形成して、医師の受診につなげるべきです。そのうえで、メンタル不調者である旨の診断が出たときは、人事労務担当と連携し、労災の可能性が高い場合は部下の労災申請に協力してください。また、私傷病休職をさせる場合は、休める期間などを部下へ丁寧に説明すべきです。日頃から、表情が暗い、遅刻・欠勤が増えたなど、いつもと違う様子の部下にすぐに気づけるよう、部下の話を聴き、自発的な相談に対応するよう努めましょう。

3　過労自殺をした労働者の上司が責任を問われた裁判例

電通事件──最判平12.3.24

【事案の概要】

　新入社員Aは、広告代理店Yに入社後、人手不足等により徹夜して帰宅しない日もあるほど、長時間労働が続いており、入社から約1年半後に自殺しました。遺族Xは、安全配慮義務違反等による損害賠償請求を求めてYを提訴しました。

【裁判所の判断】

　最高裁は、①Yでは従業員が長時間にわたる残業を行うことが恒常的に見られ、36協定上の上限時間等を超える残業時間の申告や、残業時間の過少申告が常態化しており、Yもこのような状況を認識していた、②Aが、心身が疲労困ぱいした様子で、業務中、元気がなく、顔色が悪く、目の焦点も定まっていないことなどの状態が見られ、Aの上司も、Aの健康状態が悪いことに気づいていたとして、YとAの当時の上司について損害賠償責任を認めました。

【ここに注目！】

　使用者に代わって労働者に対し業務上の指揮監督を行う権限を有する者は、業務の遂行に伴う疲労や心理的負担等が過度に蓄積して労働者の心身の健康を損なうことがないよう注意する義務があると示された事例です。しかし、Y社は2015年にも長時間労働による過労自殺者を出し、世間から厳しい批判を浴びました。

CHECK LISTS

☐　慢性疲労や仕事に関するストレスなどの心理的負荷がきっかけとなり、誰もがメンタル不調になり得る

☐　事業者は、厚生労働省の「労働者の心の健康の保持増進のための指針」を基にメンタルヘルスケアを行い、メンタル不調の防止に努める必要がある

☐　部下のメンタル不調が疑われる場合、話を聴き、医師につなぐなどの対応をする。日頃から、いつもと違う様子の部下にすぐに気づけるよう努める

休職

《この事例で学習するポイント》
① 休職制度とは何か、休職にはどんな種類があるか理解する
② 部下から休職の申出があった場合、どのように対応すればよいか知る

《事例》

　部下から、病気のため休職をしたいと申出がありました。当社に私傷病休職制度があるのは知っているのですが、具体的にどのように対応すればよいのでしょうか。

《解説》

1　基本解説

1)　休職制度

　休職制度とは、労働者に、労務に従事させることが不可能または不適当な事由が生じた場合に、使用者がその労働者との労働契約関係は維持したまま、一定期間労働を免除または禁止する制度のことです。

　本来、労働者が労働できない場合、使用者が労働の対価を払うという労働契約は成り立ちません。ただ、事故によるけが等、やむを得ない事由もあります。休職制度は、法令で事業者に整備が義務づけられているものではありませんが、このようなときに役立ちます。法的義務ではないので、企業が、就業規則や労働協約等で、種類・期間・賃金の取扱いなどを定め、労働者ごとに適用可否を判断します。休職事由が消滅すると休職は終了します。もし、休職期間満了時点で休職事由が消滅していないとき、労働者は解雇または自然退職となります。

2)　主な休職の種類

❶私傷病休職

　労働災害にあたらない負傷・疾病による休職です。労働者に療養の機会を与える

もので、多くの企業で運用されています。「退職とならないよう無理をして休職期間満了以前に復職し、しばらくして再度休職する」などの休職期間の制限逸脱を防ぐ目的で、医師の診断書を必要とする場合が多いです。

　私傷病休職期間を満了した場合でも、労契法の安全配慮義務により、企業は私傷病休職満了者に対して、現実に配置可能な業務の有無を検討する義務があります。軽易業務を検討せずに退職扱いや解雇とした場合、それらの処分は無効となります。なお、労働災害にあたる負傷・疾病で休む場合、労基法による解雇制限規定があり、原則、療養のために休業する期間とその後の30日間について解雇が禁止されています。

❷事故欠勤休職

　負傷・疾病以外の私的な事故による休職です。刑事事件を起こして長期勾留された場合などに適用されることがあります。

❸起訴休職

　刑事事件で起訴されたことによる休職です。刑事裁判が確定するまで、企業の対外的信用が失墜したり職場秩序が乱れたりするおそれがある場合や、出廷等による不安定な労務提供への対処により業務の円滑な遂行に支障が生じるおそれがある場合に、適用されます。

❹自己都合休職

　私的な自己都合による休職です。ボランティアへの参加、留学、公職への就任などで適用されることがあります。

2　私傷病休職の申出への対応（事例回答）

　まず、自社の就業規則を確認しましょう。勤続年数により休職可能な期間が異なる場合などもあるので、不明な点は人事労務担当に問い合せてください。そのうえで、休業期間やその間の給与や保険制度の適用について、部下に具体的かつ正確な情報を伝えましょう。そして、部下が安心して休職し、療養できるよう、人事労務担当との間に立ち、医師の診断書の提出や産業医による診断等、休職発令に向けてスムーズに

手続が進行するよう配慮します。

　休職期間中は、円滑な職場復帰のためにも、人事労務担当等と連携して、プライバシーに配慮したうえで部下から病状の報告を受ける・部下が求める情報を提供する・不安や悩みの相談先を紹介するなどのケアをしましょう。

　また、休職者に代わる人員の手配を人事労務担当に要請したり、業務担当の変更等で不安な点がないか尋ねるなど、他の部員に対してもケアをしましょう。

3　休職扱い等せず解雇とした処分の有効性が争われた裁判例

日本ヒューレット・パッカード事件——最判平24.4.27

【事案の概要】

　Y社のシステムエンジニアであるXは、精神的不調によりY社に対し休職を認めるよう求めましたが、認められず出勤を促す等されました。そこで、Xは同僚を含む加害者集団からの嫌がらせ等の問題が解決されたと判断できない限り出勤しない旨をあらかじめY社に伝えたうえで、有給休暇をすべて取得した後、約40日間にわたり欠勤を続けました。Y社は、無断欠勤を理由として諭旨退職の懲戒処分をXに行ったため、Xは雇用上の地位確認等を求めて提訴しました。

【裁判所の判断】

　最高裁は、「精神的な不調のために欠勤を続けていると認められる労働者に対しては、精神的な不調が解消されない限り引き続き出勤しないことが予想されるところであるから、Y社は精神科医による健康診断を実施するなどした上で、その診断結果等に応じて、必要な場合は治療を勧めた上で休職等の処分を検討し、その後の経過を見るなどの対応を採るべきであり、このような対応を採ることなく、Xの欠勤を正当な理由なく無断でされたものとして諭旨退職の懲戒処分の措置を執ることは、精神的な不調を抱える労働者に対する使用者の対応としては適切なものとはいい難い」としたうえで、無断欠勤を理由とする諭旨退職の懲戒処分を無効と判断しました。

【ここに注目！】

　労契法で明記されている安全配慮義務の観点から、企業は傷病者に対し休職処分をなす等、適切な対応と配慮をしなければならないことを明らかにしました。なお、休職制度が自社になくとも、休職に類するような、労働者に配慮した対処をする必要があるとわかります。

CHECK LISTS

☐ 休職とは、労働者に、労務に従事させることが不可能または不適当な事由が生じた場合に、使用者がその労働者との労働契約関係は維持したまま、一定期間労働を免除または禁止することである

☐ 休職制度の整備は、法令で義務づけられてはおらず、企業が、就業規則や労働協約等で、種類・期間・賃金の取扱いなどを定め、労働者ごとに適用可否を判断する

☐ 部下から休職の申出があった場合、自社の休職制度を確認し、人事労務担当と連携しながら、休職する部下だけでなく、他の部員へのケアも含め、スムーズな休職・復職のために対処する

職場復帰支援

《この事例で学習するポイント》

❶ 復職と職場復帰支援について知る

❷ 部下の復職にあたって、上司として配慮すべきことを理解する

《事例》

来月から、メンタル不調で休職していた部下が復職することになりました。復職にあたって、管理職は、本人や周囲にどんな配慮をすべきでしょうか。

《解説》

1 基本解説

1) 復職とは

労働者が、休職を経て職場に復帰することを「復職」といいます。けがや病気などで休職していた労働者は、職場に復帰する際、以前のように仕事をできるか、休みの間迷惑をかけたが人間関係は大丈夫か、復職に伴う部署異動で新しい仕事や同僚に馴染めるかといった不安を抱えることが多いです。

再度の休職や退職を防ぐためにも、休職者が復職する際には適切な配慮をし、職場復帰支援をする必要があります。特に、メンタル不調により休職していた労働者は、少しのきっかけで、再発するおそれがあるので、できる限りの配慮をすることが求められます。

2) 職場復帰支援の流れ

メンタル不調により休職した労働者の職場復帰支援については、「職場復帰支援の手引き」[1]と「心の健康の保持増進のための指針」[2]が参考になります。なお、脳卒中により、身体の一部にまひが残る等、身体障害者となった労働者の職場復帰支援についても、メンタル不調により休職した労働者の職場復帰支援と基本的に同じ様に考え

◆1 厚生労働省・独立行政法人労働者健康安全機構「心の健康問題により休業した労働者の職場復帰支援の手引き」（2019年改訂）

◆2 令2.3.31健康の保持増進のための指針公示第7号「事業場における労働者の心の健康の保持増進のための指針」

るべきです。

　以下、手引きと指針に沿って職場復帰支援の流れと各ステップの主な内容を解説していきます。

❶【ステップ1】休職開始・休職中のケア

　休業する労働者に対し、必要な事務手続きや職場復帰支援の手順を説明します。労働者が休職期間中安心して療養に専念できるよう、傷病手当金等の経済的な保障や不安・悩みの相談先の紹介といった情報提供などの支援を行いましょう。

❷【ステップ2】主治医による職場復帰可能の判断

　休職中の労働者が復職する際は、主治医による職場復帰可能という判断が記された診断書が必要です。主治医による診断は、日常生活における病状の回復程度によって職場復帰の可能性を判断していることが多く、必ずしも職場で求められる業務遂行能力まで回復しているとの判断とは限りません。事業者は、事前に当該労働者へ説明し、同意を得たうえで、主治医に対して、労働者本人に求められる業務の状況等について十分な説明を行う等主治医と連携を取ることや、産業医等が主治医から情報や意見を収集した内容について、産業医としての意見を求めることが重要です。

❸【ステップ3】職場復帰の可否の判断および職場復帰支援プランの作成

　安全でスムーズな職場復帰を支援するため、最終的な決定の前段階として、必要な情報の収集と評価を行ったうえで、職場復帰ができるかを適切に判断し、職場復帰を支援するための具体的プラン（職場復帰支援プラン）を作成します。このプラン作成にあたっては、事業場内産業保健スタッフ等を中心に、管理監督者、休職中の労働者の間でよく連携しながら進めます。

ア　情報の収集と可否

　職場復帰の可否については、職場復帰に対する労働者の意思や、労働者・職場環境等の評価といった必要な情報を収集し、様々な視点から評価を行い、個々のケースに応じて総合的に判断する必要があります。

イ　職場復帰可否についての判断

　アで収集した情報の評価を基に行います。労働者の業務遂行能力が完全に回復していないことも考慮し、職場の受け入れ制度や態勢と組み合わせながら判断します。判断基準の例を下記に示します。

〈判断基準の例〉

・労働者が十分な意欲を示しているか

・決まった勤務日、時間に就労が継続して可能であるか

・業務に必要な作業ができるか

・適切な睡眠覚醒リズムが整っているか、昼間に眠気がないか

・業務遂行に必要な注意力・集中力が回復しているか　　　　　など

　なお、社内制度として「試し出勤制度」などを設けている場合、労働者が希望する場合に、職場復帰決定の前に、職場復帰の試みを開始することができます。休業していた労働者の不安を和らげ、労働者自身が職場の状況を確認しながら、復帰の準備を行うことができます。このような制度の導入にあたっては、処遇や災害が発生した場合の対応、人事労務管理上の位置づけ等についてあらかじめ労使間で十分に検討し、ルールを定めておくことが望ましいです。

（表）職場復帰決定前に職場復帰の試みを開始できる制度

模擬出勤	勤務時間と同様の時間帯にデイケアなどで模擬的な軽作業を行ったり、図書館などで時間を過ごす
通勤訓練	自宅から勤務職場の近くまで通勤経路で移動し、職場付近で一定時間過ごした後に帰宅する
試し出勤	職場復帰の判断等を目的として、本来の職場などに試験的に一定期間継続して出勤する

　ウ　職場復帰支援プランの作成

　職場復帰可能と判断された場合、管理監督者による就業上の配慮や人事労務管理上の対応、フォローアップの方法等について職場復帰支援プランを作成します。

❹【ステップ4】最終的な職場復帰の決定

　ステップ3を踏まえ、労働者の疾患が再発していないか最終確認・産業医による就業上の配慮等に関する意見書作成など、最終的な職場復帰の決定を行います。

❺【ステップ5】職場復帰後のフォローアップ

　職場復帰後は、管理監督者による観察・支援のほか、事業場内産業保健スタッフ等によるフォローアップを実施し、適宜、職場復帰支援プランの評価・見直しをします。

　なお、職場復帰は元の慣れた職場へ復帰させることが原則ですが、異動等を誘因として発症したケース等においては、配置転換や異動をした方がよい場合もあります。また、復帰後は、労働負荷を軽減し、段階的に元へ戻すなどの配慮が重要です。

〈就業上の配慮の例〉
・短時間勤務　・軽作業や定型業務への従事　・残業・深夜業務の禁止
・出張　・交代勤務の制限　　　　　　など

2　メンタルヘルス不調で休職していた部下の復職にあたって、管理職が配慮すべき事項（事例回答）

　メンタルヘルス上の問題を抱えている部下の復職対応は、ケースごとに柔軟に行う必要があります。まず、スムーズな復職のためには主治医と連携を図ることが重要であることを復職者に説明し、その同意を得たうえで、主治医と連携を図ってください。できれば、復職者本人、主治医、管理職の三者で面談し、事業場内産業保健スタッフ等を中心に、職場復帰支援プランを作成しましょう。このプランを基に、座席配置や業務内容などの望ましい就業上の配慮をしてください。

　また、復職者の職場の同僚に説明し、理解と協力を得ることも大事です。できれば復職者本人の口から同僚に対し、自身の勤務時間・形態、通院日などを説明し、同僚の理解と協力を得るべきです。管理職から説明する場合は、復職者の同意を得たうえで、プライバシー侵害とならないよう留意してください。また、復職者の同僚に過度の負担がかからない配慮もすべきです。

3　休職期間満了時による退職扱いの有効性が問われた裁判例

キヤノンソフト情報システム事件——大阪地判平20.1.25

【事案の概要】

　Y社の社員Xは、自律神経失調症等により病気休職していましたが、継続的に復職の意思を示しており、安定した寛解状態にあり、通常の労務に復することは支障ないとする主治医の診断書をY社に提出して復職申請をしました。しかし、Y社は復職を認めず、Xを休職期間満了による退職扱いとしたため、Xは、従業員としての地位確認等を求めて提訴しました。

【裁判所の判断】

　裁判所は、Xに職種や業務内容の特定はなく、復職当初は開発部門で従前のように就労することが困難であれば、しばらくは負担軽減などの配慮をすることもY社の事業規模からして不可能ではないと解されるうえ、開発部門より残業時間が少なく作業計画を立てやすいとされるサポート部門への配属も可能であったとし、休職期間満了による退職扱いを無効とし、従業員としての地位と賃金請求権等を認めました。

【ここに注目！】

　近年、労働者の働きやすさを重視する法改正が多数あり、企業に対しては、安全配慮義務を負うことの明記、障害者に対する合理的な配慮の義務づけ、ストレスチェック実施の義務づけ（労働者が50人以上の事業場の場合）等がされています。

　本裁判例では、特に、メンタル不調に適切な対応と配慮が必要とされていること、そして、休職期間満了となったからといって、すぐ解雇せず、軽易業務への転換を検討するなど、職場復帰可否の判断を慎重に行う必要があることがわかります。

CHECK LISTS

- ☐ 休職者が復職する際には、再度の休職や退職を防ぐためにも、適切な配慮をし、職場復帰支援をする必要がある

- ☐ 部下のスムーズな復職のために、上司は、部下本人や主治医と連携し、職場復帰支援プランに基づき望ましい就業上の配慮を行う

UNIT 3

労働時間

労働時間・休憩時間

《この事例で学習するポイント》

❶ 労働時間・休憩時間に関する法規制を十分に理解する

❷ 法規制に違反した場合、どのような問題が生じるか十分に理解する

❸ 労働時間・休憩時間をきちんと取ろうとしない労働者に、適切に対処する

《事例》

　6.5時間の時短勤務の部下から「休憩はいらないから、その分働いて、早く仕事を終わらせたい」という要望がありました。また、休憩時間中なのに、「自主的に」仕事をしている者もいるのですが、これらに、どのように対応したらよいのでしょうか。

《解説》

1　基本解説

1)　労働時間の原則

❶所定労働時間

休憩はいりません

　始業時刻から終業時刻までの拘束時間（使用者の拘束のもとにある時間）から休憩時間を除いた時間を「所定労働時間」といいます。始業・終業時刻は、就業規則に必ず定めておかなければならないと、労基法で規定されています。自社の所定労働時間は、就業規則で、始業時刻・終業時刻・休憩時間を確認すれば、わかります。

❷法定労働時間

　労基法で、原則「その時間を超えて労働させてはならない」として、1週[1]および1日[2]の最長労働時間が定められているものを「法定労働時間」といいます。

ア　1週の法定労働時間

　使用者は、労働者に、1週間に40時間を超えて労働させてはなりません。ただし、小規模の商業・サービス業など、一部例外もあります。

イ　1日の法定労働時間

　使用者は、1週間の各日について、1日8時間を超えて労働させてはなりません（労基法）。ただし、15歳に達した日以後の最初の3月31日までの児童を、労働基準監督署長の許可を得て使用する場合は、修学時間を通算して7時間とされています。

❸法定労働時間と所定労働時間との関係

ア　就業規則で定める所定労働時間が法定労働時間を超えている場合

　例えば、就業規則で、始業：7時30分、終業：17時30分、休憩：12時～13時と定めた場合、1日の所定労働時間は9時間となりますので、「1日8時間を超えてはならない」に違反し、最後の1時間の部分が無効となり、終業時刻は16時30分に修正されます。

イ　1日の所定労働時間が8時間以内の事業場において8時間を超えて労働が行われる場合

　時間外労働は、「36協定の労働者との締結と、所轄の労働基準監督署（以下労基署）への届出をし、8時間を超える労働時間については割増賃金を支払う」という要件を満たしていない限り、労基法による罰則の適用と、労働者への割増賃金の支払い義務が発生します。

2）休憩時間の原則と例外

❶労働時間と休憩時間の関係

　原則として1日の労働時間が6時間を超える場合は45分以上、8時間を超える場合は1時間以上の休憩時間を与えなければなりません。

　時間外労働によって労働時間が8時間を超える場合には、労働時間の途中で15分以上の休憩時間を追加して与える必要があります。ただし、長距離の運転等、一定の業務に従事する労働者について、業務の性質上、休憩時間を与えなくてもよいとされています。

（表）労働時間ごとに必要な休憩時間

労働時間	6時間以内	6時間超8時間以内	8時間超
休憩時間	必要なし	45分	1時間

❷休憩時間途中付与の原則

　休憩時間は、原則として労働時間の途中において与えなければなりません。始業時刻を遅らせたり、終業時刻を早めたりすることによって労働時間を短縮する方法により休憩時間にあてることはできません。

❸休憩時間一斉付与の原則

　休憩時間は、原則として一斉に与えなければなりません。ただし、一定の業種については一斉付与適用除外の特例が認められており、この業種以外の事業場でも労使協定を締結したときは、適用除外とすることができます。

❹休憩時間自由利用の原則

　休憩時間は、単に作業をしない時間をいうのではなく、実質的に労働義務が課されておらず、労働者が権利として使用者の指

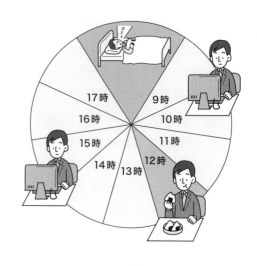

揮監督下からはずれ、労働から離れることを保障されていることが必要です。電話番をしている時間等、いわゆる「手待時間」は、休憩時間ではなく、使用者の指揮監督を受けている労働時間に含まれます。使用者は原則として休憩時間中の労働者の行動に制約を加えることはできません。ただし、事業場内で休憩する場合は、労働者は事業場の規律保持や施設管理上の制約（例：他の労働者の休息を妨げてはならない）には従う必要があります。

　また、休憩時間中の外出は原則として自由であり、合理的理由がある場合に最小限の規制を受けるにすぎません。

2　休憩時間はいらないという・休憩時間中に自主的に労働する労働者への対応（事例回答）

　労基法は、労働者の心身の疲労を回復させるために、労働者に対して労働時間の途中に休憩時間を与えることを使用者に義務づけています。

　事例のような「労働者の要望」「自主的な行為」であっても、例外的な業種でない限り、労基法で定める休憩を与えないと、使用者は労基法違反となってしまうため、労働者の要望を受け入れることはできません。

1）休憩時間はいらないという労働者への対応

　事例では、労働時間は6.5時間なので、使用者は労働者に対し、最低45分間の休憩を取得させなければなりません。上司は罰則を伴う労基法違反を犯すことはできないことを労働者に十分に説明し、きちんと休憩を取るよう指導すべきです。

2）休憩時間中に自主的に労働する労働者への対応

　労働者が休憩時間中に休憩しないで自主的に労働した場合も、使用者の労働基準法違反となります。上司として、そのような労働者には、休息の大切さを伝え、休憩時間に労働することのないように、指導を徹底すべきです。また、部下が、業務過多のため、やむを得ず休憩時間中も自主的に働いている場合は、業務量の調整や業務の効率的な進め方の共有等を行うことも考えられます。

　なお、休憩時間中に自主的とはいえ労働が行われてしまった場合には、その後の労働時間で、休憩時間を与えることが必要となります。

3）法定以上の休憩時間を与える場合

　なお、事例とは異なりますが、飲食店で客が少ない14時〜17時の３時間を休憩として労働者に与えるなど、業界・業種によっては、自社で45分を超える休憩時間を設定する場合もあるかもしれません。労基法は、休憩時間の最長時間については定めていないので、このような労働時間の途中に法定義務を超える休憩時間を設定することは、法的には問題ありません。

　しかし、労働者にとって、自由利用できる休憩時間とはいえ拘束的と感じられる時間が長くなることは、疲労度が高くなり、健康福祉の面から望ましいことではありません。労働者から休憩時間の短縮要望があった場合、労務管理上は、労働者の要望を参考に、休憩時間を短くすることを検討するのが妥当と思われます。

CHECK LISTS

☐	労働時間と休憩時間には、労基法による規制があり、違反が認められた使用者は罰則の対象となる
☐	労働者が法定労働時間を遵守していない場合、それが労働者の要望・自主的な行いだとしても、企業が罰則の適用を受けたり、割増賃金を支払わなければならない

時間外労働・休日労働・深夜労働

《この事例で学習するポイント》

❶ 時間外労働・休日労働・深夜労働などの法規制を十分に理解する

❷ 時間外労働・休日労働・深夜労働などの定義や違いを十分に理解する

❸ どの労働で、どのくらいの割増賃金が発生するか、例外も含め十分に理解する

《事例》

部下の1日2時間ほどの残業が常態化していますが、こうした残業にはすべて割増賃金が発生するのでしょうか。

《解説》

1 基本解説

1)「時間外労働」とは

1日または1週の法定労働時間（8時間、40時間）を超える労働のことを時間外労働といいます。労基法で定められており、ある日の労働時間が法定労働時間を超えた場合、その超えた部分が時間外労働となります。

残業したら割増賃金は必ず発生する？

2)「時間外労働」と「残業」の違い

時間外労働と似た意味で、「残業」という言葉も使われています。一般に「残業」と呼ばれているのは、所定労働時間を超えて労働した場合を意味しています。「残業」には、次の2種類があります。

●法内残業

労基法上は時間外労働とはならないが、所定労働時間を超えた場合など、労働契約上、労働者が労働義務を負わない時間に行った労働のことです。その労働時間分の賃金を支払う必要はありますが、法定労働時間内である限り労基法が義務づける割増賃金の支払いは不要です。

❷法外残業

　法定労働時間を超える労働のことで、時間外労働と同じ意味です。

　例えば、所定労働時間が9時〜17時、休憩が1時間の場合、所定労働時間は7時間です。18時まで働いた場合、実労働時間は8時間であり、所定労働時間を1時間超えますが、この1時間は労基法上の時間外労働ではない法内残業となります。21時まで働いた場合、実労働時間は11時間であり、8時間を超える18時〜21時までの3時間については、労基法上の時間外労働（法外残業）となります。図示すると、次のようになります。

（図）法内残業と法外残業

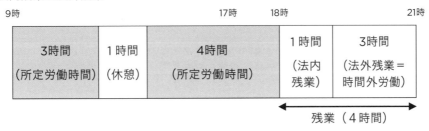

3)「サービス残業」とは

　時間外労働を含む所定労働時間以外の労働について、自己申告制のもと、実際より過少に申告することは、「サービス残業」と言われています。「サービス」というと、労働者が自主的に残業代金の請求権を放棄しているような誤解を与えますが、その実態は「賃金不払残業」であり、労基法上、労働者に支払うべき残業代金を支払わないという違法行為です。悪質だとして、企業に対し、未払いの残業代金だけでなく、制裁として付加金の支払いを命じる裁判所の判決が多く出ています。

　厚生労働省も、サービス残業の解消施策♦1を取り、労基署による重点的な監督指導が実施され、多数の企業での多額の賃金不払残業が指摘、是正されました。

　また、民法改正により、2020年4月1日から労働者から企業に対する残業代金請求権・付加金請求権の消滅時効期間が2年間から5年間（当分の間は3年間）に延長されました。労働者が自主的に過少申告をしていた場合も、企業には残業代金等の支払い義務があります。管理職として、日頃から正確な労働時間の把握に努めましょう。

2　残業には必ず割増賃金が発生するか（事例回答）

　残業には法内残業と法外残業の2種類があり、1で解説したように、法内残業の場合には、割増賃金は発生しないため、残業をした場合、必ずしも割増賃金が発生する

♦1　①平29.1.20基発0120第3号「労働時間の適正な把握のために使用者が講ずべき措置にするガイドライン」、②平15.5.23基発0523004号「賃金不払残業の解消を図るために講ずべき措置等に関する指針」が出ています

わけではありません。

　法定労働時間を超えて労働した場合、その超えた時間分は、労基法の定めに従って通常の賃金より25%以上割増した賃金を支払う必要があります。

3　その他割増賃金の発生する労働と割増率

　労基法で定められている割増賃金は、時間外労働以外に、休日労働、深夜労働でも発生します。

　時間外労働と休日労働は、次の場合にさせることができます。

36協定を締結し、所轄の労基署に届け出たうえで、労働させた場合（詳細は86頁参照）
災害その他避けられない事由により臨時の必要があって行政官庁の許可を受けた場合 例：新型感染症の感染拡大を防ぐために必要なマスク等を、緊急に増産・製造する場合

　ここでいう休日労働は、「法定休日労働」を指します。「法定休日労働」とは、法定休日（1週1日または4週4日）における労働のことです。たとえ1時間のみの労働でも、法定休日労働として扱われます。単に「休日労働」と表されることが多いですが、会社が定めた創立記念日などの法定外休日での労働は、時間外労働とされます。

　「深夜労働」とは、22時〜5時までの時間における労働です。深夜労働は、例外なく割増賃金が発生します。

　なお、賃金や手当ての中に、あらかじめ一定時間分の残業代を含ませ、一定の残業代を固定して支払う固定残業（みなし残業）制度を採用している場合でも、法定休日労働と深夜労働の割増賃金は発生します。

　休日労働では35%以上、深夜労働では時間外労働と同じ25%以上の割増率で計算した割増賃金が発生します。また、割増賃金が発生する労働が重なった場合は、その割増率を足した割増賃金が発生します。次の❶〜❸の例を参考にしてください。

❶時間外（法定外休日を含む）労働＋深夜労働の割増率

　例：所定労働時間（休憩1時間）＋翌日5時まで労働させた場合

9時	18時	22時	5時
7時間 （所定労働時間）	1時間 （法内残業）	4時間 （時間外労働） **割増率25％以上**	7時間 （時間外労働25％＋深夜労働25％） **割増率50％以上**

❷休日労働＋深夜労働の割増率

例：法定休日に 9 時～24時（休憩 1 時間）まで労働させた場合

9時	22時　　24時

12時間（休日労働） 割増率35％以上	2時間 （休日労働35% ＋深夜労働25%） 割増率60％以上

❸月60時間を超える時間外労働に対する割増率

　1 か月60時間を超えて時間外労働をさせた場合、その超えた時間の労働については、割増率が50％以上となります（中小企業は2023年 4 月 1 日以降）。

　深夜労働となる時間帯に、 1 か月60時間を超えて時間外労働をさせた場合、60時間を超えた労働についての割増率は、深夜労働（25％以上）＋時間外労働（50％以上）＝75％以上となります。なお、 1 か月60時間を超えた時間外労働の算定に、休日労働は含まれませんが、法定外休日に行った時間外労働は含まれます。

CHECK LISTS

☐　「残業」＝「時間外労働」ではなく、残業には法内残業と法外残業の 2 種類があり、時間外労働は法外残業と同義である

☐　時間外労働と休日労働は、次の場合にさせることができる
　・36協定を締結し、所轄の労基署に届け出たうえで、労働させた場合
　・災害その他避けられない事由により臨時の必要があって行政官庁の許可を受けた場合

☐　時間外労働・休日労働・深夜労働をさせた場合、割増賃金が発生する

時間外労働・休日労働の上限

《この事例で学習するポイント》

❶ 時間外労働の上限等に関する法規制を正確に理解する

❷ 時間外労働等に関する指針を十分に理解し、留意する

《事例》

　私の部下は、時間外労働が比較的多いのですが、36協定さえ締結していれば、いくらでも時間外労働をさせてもよいのでしょうか。

《解説》

1　基本解説

1）働き方改革関連法の成立と時間外労働の上限規制

　2018年6月、働き方改革関連法が成立し、2019年4月から順次施行されています。

　多岐にわたる法改正がなされ、時間外労働についても、長時間労働の是正を目的に、上限規制の原則と例外等を定める労基法改正がなされました。

2）時間外労働の上限規制の原則

　36協定で定める時間外労働の上限は、月45時間、年360時間が原則となります。なお1年単位の変形労働時間制※1において、3か月を超える期間を対象期間と定めて労働させる場合には、36協定で定める時間外労働の上限が、月42時間、年320時間となります。

3）時間外労働の上限規制の例外

　臨時的な特別の事情がある場合、次の❶〜❹を守れば、時間外労働の原則的な上限を超える時間外労働が認められます。

　臨時的な特別の事情とは、通常予見できない業務量の大幅な増加等に伴い臨時的に

《用語解説》　※1　1年単位の変形労働時間制：1か月〜1年以内の期間を平均して、1週間あたりの労働時間が40時間を超えないことを条件として、業務の繁閑に応じ労働時間を配分することを認める制度

上限の原則時間を超えて労働させる必要がある場合のことで、「業務の繁忙」「予算・決算業務」「納期の切迫」「大規模なクレームへの対応」「機械トラブルへの対応」等が挙げられます。

　❷、❸に違反した場合は、罰則（6か月以下の懲役または30万円以下の罰金）が科されます。

　❶時間外労働が年720時間以内
　❷時間外労働と休日労働の合計が月100時間未満
　❸時間外労働と休日労働の合計について、対象期間中、2〜6か月のそれぞれの期間における平均がすべて月80時間以内
　❹原則である月45時間（1年単位の変形労働時間制の場合は月42時間）を超えることができるのは、年6か月まで

時間外労働の上限規制の原則と例外をわかりやすくしたものが下図です。

（図）時間外労働の上限規制の原則と例外

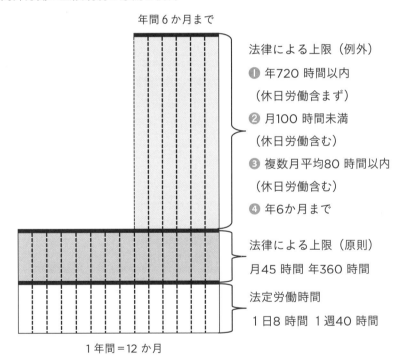

年間6か月まで

法律による上限（例外）
❶ 年720 時間以内
（休日労働含まず）
❷ 月100 時間未満
（休日労働含む）
❸ 複数月平均80 時間以内
（休日労働含む）
❹ 年6か月まで

法律による上限（原則）
月45 時間 年360 時間

法定労働時間
1日8 時間 1週40 時間

1年間＝12か月

4）時間外労働の上限規制の適用が猶予または除外される事業・業務

　次の事業・業務については、その業務の特殊性から時間外労働の上限規制の適用猶予、除外の措置が行われます。

（表）時間外労働の上限規制の適用が猶予または除外される事業・業務

自動車運転の業務	改正労基法施行5年後（＝2024年4月1日以降）に、時間外労働の上限規制が適用される。ただし、上限時間は年960時間となる
建設事業	改正労基法施行5年後に、時間外労働の上限規制が適用される。ただし、災害時における復旧・復興の事業については、1か月100時間未満・複数月平均80時間以内の要件を適用しない
医師	改正労基法施行5年後に、具体的な上限時間等を厚生労働省令で定める。
鹿児島県および沖縄県における砂糖製造業	改正労基法施行5年後に、時間外労働の上限規制が適用される
新技術・新商品等の研究開発業務	医師の面接指導、代替休暇の付与等の健康確保措置を設けたうえで、時間外労働の上限規制は適用されない

5）労働時間の延長および休日労働について留意すべき事項に関する指針

　労基法では、最大で年960時間（80時間×12か月）の時間外・休日労働を許容しています。これは、月20日勤務で毎日4時間程度残業する計算です。

　一方、厚生労働省は、2〜6か月にわたって時間外・休日労働が月平均80時間を超えて、脳卒中等の病気を発症した場合、業務と発症の関連性が強いと判断できるとしています。つまり、法規制だけで長時間労働による病気の発症、過労死、過労自殺等を防ぐことは難しいのが実情です。このため、時間外・休日労働について留意すべき事項についてまとめられた、厚生労働省の指針[1]に則して労務管理を行うことが重要です。ポイントは以下のとおりです。

- ・時間外・休日労働は最小限にとどめる
- ・使用者は、36協定の範囲内であっても、労働者に対する安全配慮義務を負う。労働時間が長くなるほど過労死との関連性が強まる
- ・時間外・休日労働を行う業務の区分を細分化し、業務の範囲を明確にする
- ・臨時的な特別の事情がなければ、限度時間（月45時間・年360時間）を超えることができない。限度時間を超えて労働させる必要がある場合は、できる限り具体的に定めなければならず、この場合にも、時間外労働は、限度時間にできる限り近づけるよう努める
- ・1か月未満の期間で労働する労働者の時間外労働は、次の目安時間を超えないよう努める

期間	1週間	2週間	4週間
目安時間	15時間	27時間	43時間

◆1　平30.9.7厚生労働省告示第323号「労働基準法36条第1項の協定で定める労働時間の延長及び休日の労働について留意すべき事項等に関する指針」

・休日労働の日数・時間数をできる限り少なくするよう努める

・限度時間を超えて労働させる労働者の健康・福祉を確保する

・限度時間が適用除外・猶予されている事業・業務についても、限度時間を勘案し、労働者の健康・福祉を確保するよう努める

2　36協定を締結すれば、無制限の時間外労働が可能か（事例回答）

従来、36協定による時間外労働の上限規制については、厚生労働大臣の告示によって定められていました（週15時間、月45時間、年360時間等）。

しかし、この告示には、法的強制力がなく、行政官庁による指導基準の域を出るものではなかったため、臨時的な特別事情があるとして特別条項付36協定を締結すれば、限度時間を超えて無制限に労働時間を延長することも可能でした。

そのため、労基法の改正で時間外労働の原則的な上限を法律に格上げし、上限に違反する36協定を無効とすることが定められました。さらに、特別条項付36協定にも時間外労働時間の上限を設け、違反時の罰則も設けることで強い強制力を持たせました。したがって、36協定を締結すれば時間外労働時間の上限がなくなるということはありません。適正な労働時間管理をし、違法な時間外労働をさせないよう注意が必要です。

CHECK LISTS

☐ 時間外労働の上限は、36協定を締結している場合、原則、月45時間・年360時間である

☐ 臨時的な特別の事情がある場合、原則を超えて時間外労働させられるが、その場合も、時間外労働や休日労働の時間制限が定められている

長時間労働

《この事例で学習するポイント》

❶ 長時間労働が、どのような弊害をもたらすか、十分に理解する

❷ 長時間労働を是正するためにどのような措置があるか、把握する

❸ 長時間労働が続いている労働者を見過ごさず、適切に対処する

《事例》

　一部の部下の時間外労働が多い状態が続いています。上司として業務量の調整など、何か対処が必要でしょうか。

《解説》

1　基本解説

1）長時間労働とは

　時間外労働や休日労働（以下「所定外労働」）が多い状態、いわゆる「長時間労働」の法的な定義はありませんが、月45時間を超える場合が目安のひとつといえます。過労死等防止対策に関する指針[1]で、労基署の監督指導について「（36協定で）月45時間を超える時間外労働や休日労働が可能である場合であっても、36協定における特別延長時間や実際の時間外・休日労働時間の縮減について指導を行う」とされているためです。

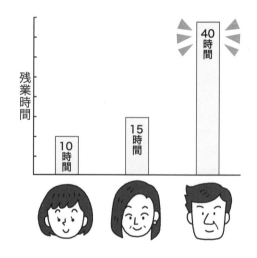

2）なぜ長時間労働を是正しなければならないのか

　長時間労働は、主に次の❶～❻のような弊害をもたらすため、その是正が社会的課題となっています。このような弊害を引き起こさぬよう、管理職は、長時間労働の是正に取り組み、労働者の健康を保持し、労働環境を改善すべきです。その結果、企業活動の担い手である労働者が、心身共に充実した状態で、意欲と能力を十分に発揮できれば、企業経営の効率化と活性化につながることが期待できます。

❶疲労の蓄積による労働能率の低下、ミスの誘発

労災事故に繋がることもあります。長時間労働により疲労が蓄積したバス運転手の居眠り運転が原因で、大事故等も発生しています。

❷疲労の蓄積による健康障害発症のリスク上昇

健康障害を発症し、労災認定される例は珍しくありません。脳・心疾患等の発症による「過労死」・精神障害の発症による「過労自殺」が社会問題となった事案も多くあります。社長の引責辞任にまで発展した大手広告会社女性社員の過労自殺事件等、労働者が過労自殺にまで追い込まれた事案では、会社は、社会から強く批判され、会社の信用も大きく傷つきました。

❸ワークライフバランスの阻害

仕事と子育て・介護などの家庭生活の両立や、資格勉強・リフレッシュなどのストレスケアといった、自分の時間の確保が困難になります。

❹ハラスメントの誘発

業務に追われ、上司と部下、同僚間にゆとりがなくなった結果、コミュニケーションが不足すると、パワハラ等のハラスメントを生む土壌になりやすいです。実際、長時間労働とパワハラが合わさったことで、労働者がうつ病等の精神障害を発症し、労災となる事案が多く見られます。

❺人材の不定着

せっかく育成しても、長時間労働等に耐えられない労働者が流出していきます。ブラック企業の評判が立てば、優秀な人材を確保することは難しくなります。

❻企業や個人が安全配慮義務違反に問われる可能性

訴訟になれば、労使双方の大きな負担となります。過労死・過労自殺のような場合、企業に莫大な損害賠償が命じられるだけでなく、その企業に問題があることが広く認知され、社会的な信用や評価を大きく落とします。

3）長時間労働を是正するための措置

事業主は、「労働時間等見直しガイドライン」（労働時間等設定改善指針）♦2にしたがって、次のような長時間労働を是正するための措置を講ずべきです。

事業主に求められている措置ですが、管理職としても、これら措置が実施されるよう上司に働きかける・適正に実施されているか確認するなどしましょう。

（表）長時間労働を是正するために講ずべき措置

長時間労働是正措置を実施するための体制の整備	措置の内容や導入・実施の予定等に関する計画の策定・推進等、措置を実行するうえでの実施体制を整備する 例：労働者の時間外労働や休日労働時間等の実態を適正に把握 　　労使間での話し合いの機会の整備 　　労働者の要望・苦情への対応制度導入 　　業務の見直しや要員確保　　　　　　など
労働者の抱える多様な事情・業務の態様に対応した労働時間等の設定	業務量に変動がある事業場では変形労働時間制・フレックスタイム制とする、労働者の創造性や主体性が必要な業務では裁量労働制とする等、様々な労働時間制を活用
年次有給休暇を取得しやすい環境の整備	年次有給休暇（以下「年休」）の完全取得を目指し、経営者主導の下、取得の呼びかけ、年休の計画付与制度・時間単位付与制度の活用等により、取得しやすい雰囲気づくりや、労使の年休に対する意識の改革を図る
所定外労働（時間外・休日労働）の削減	時間外労働の上限規制を遵守し、「ノー残業デー」「ノー残業ウィーク」の導入・拡充等により所定外労働の削減を図る。特に休日労働を避け、所定外労働を行わせた場合、代休付与等により総実労働時間の短縮を図る
労働時間の管理の適正化	深夜業の回数の制限や勤務間インターバル制度[※1]により、時間的に過密とならない業務の運用を図る
多様な正規社員、ワークシェアリング、テレワーク等の活用	詳細は136頁参照

2　残業が多い労働者への対処（事例回答）

　正確な時間外労働時間は事例上不明ですが、「長時間労働」となっているか、その危険がある事態と思われるのであれば、上司として、次のような対処をすべきです。

　・労働者間の仕事量を調整する

　特定の人に仕事が集中していると、その人が病気やけがで急に出社できなくなった場合、対応できないおそれがあり、リスク管理の観点からも重要です。

　例：特定の労働者に仕事が集中しないよう、他の労働者にも仕事を割り振る

　・事業主が長時間労働是正のために講ずべき措置を取るよう、上位の管理職や役員に交渉、要望する

　例：課長から部長に対し、業務量に対し人員が不足していること、長時間労働の実態があること等を説明・説得し、要員確保のために動く

　・部下に労基法や育児・介護休業法等で定める制度を説明し、利用を勧める

　例：年休の取得推奨、男性にも育児休業の制度説明・取得推奨等を行う

《用語解説》　※1　勤務間インターバル制度：前日の終業時刻と翌日の始業時刻の間に一定時間の休息を確保する制度。働き方改革関連法に基づく労働時間等設定改善法の改正で、事業主の努力義務として規定された。労働者が十分な睡眠時間や生活時間を確保することにつながり、企業の生産性を高めることが期待できる。
（図）11時間の休息時間を確保する場合、5時間の時間外労働後、始業時刻を10時に繰り下げる

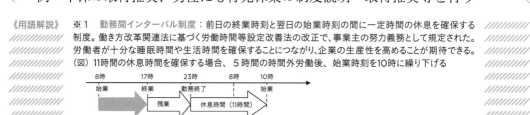

　管理職が、部下の長時間労働を知りながら何の対処もしない、あるいはかえって長時間労働を助長するような対応を取った場合、「指導監督者としての安全配慮義務に違反した過失がある」として、管理職個人が責任を問われる可能性もあります[3]。適正に対処しましょう。

CHECK LISTS

- ☐ 長時間労働は、ミスの誘発・健康障害の発症・人材の不定着等、様々な弊害をもたらすため、決して放置・助長せず、是正する必要がある

- ☐ 部下の長時間労働に対しては、労働者間の仕事量調整、上位の管理職・役員への働きかけなどを行い、適正に対処する

時間や場所にとらわれない労働形態

《この事例で学習するポイント》

❶ 時間や場所にとらわれない労働形態の種類とそれぞれの特徴を十分に理解する

❷ 業種・職種の特性に応じた労働形態と運用ルールについて適切に理解する

《事例》

　当社ではテレワークにあわせて、フレックスタイム制を導入することになりました。フレックスタイム制とはどのようなものでしょうか。

《解説》

1　基本解説

　近年、ワークライフバランス推進などに伴い、時間や場所にとらわれない労働形態が取り入れられています。主なものとして、労基法で定められている、フレックスタイム制・変形労働時間制・事業場外みなし労働時間制・裁量労働制・高度プロフェッショナル制度が挙げられます。これらを上手に活用すれば、労働者は仕事と生活の調和を図りながら効率的に働くことができます。

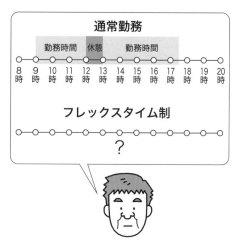

2　フレックスタイム制の概要（事例回答）

　フレックスタイム制とは、1日の労働時間の長さを固定的に定めず、3か月以内の一定の期間（清算期間）についてあらかじめ定めた総労働時間の範囲内で、労働者が各労働日の始業・終業時刻を自由に選択して働くことができる制度です。就業規則などへの規定と、労使協定で清算期間や標準となる1日の労働時間等の所定の事項を定める必要があります（清算期間が1か月超の場合、所轄労基署への届出要）。また、任意で、必ず働かなければならない時間帯である「コアタイム」、出退勤時間を自由に選択できる時間帯である「フレキシブルタイム」を定めます。

フレックスタイム制では、１日８時間・週40時間の法定労働時間を超えて労働しても直ちに時間外労働とはならず、清算期間における法定労働時間の総枠を超えた時間数が時間外労働となります。

（図）フレックスタイム制の典型例

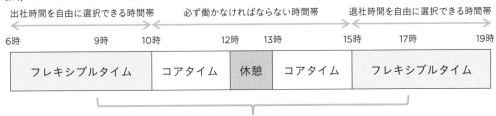

会社の所定労働時間（9時〜17時）

　フレックスタイム制を活用する際は、厚生労働省策定の「労働時間の適正な把握のために使用者が講ずべき措置に関するガイドライン」◆¹に基づき、使用者は労働者の労働時間の把握を適切に行わなければなりません（詳細は98頁参照）。

3　その他の労働形態

1) 変形労働時間制

単位となる期間内において、所定労働時間が平均して週40時間以内ならば、36協定によらず、割増賃金を支払うことなく特定の日・週に法定労働時間の原則を超えて労働できる制度です。次の３種類があります。なお、変形労働時間制を活用する際は、フレックスタイム制同様、ガイドラインに基づき、使用者は労働者の労働時間の把握を適切に行わなければなりません。

❶１か月以内の期間の変形労働時間制

　労使協定または就業規則などで定め、変形期間を１か月以内とし、変形期間における法定労働時間の総枠の範囲内で、各日・各週の労働時間を特定する必要があります（１〜24日：９時〜17時、25日〜月末：８時〜19時など）。経費精算で月初が忙しい経理など、月内で繁閑差がある業種や職種に向いています。

❷１年以内の期間の変形労働時間制

　労使協定で、１か月を超え１年以内の対象期間・労使協定の有効期間を定め、対象期間における労働日と、労働日ごとの労働時間を特定する必要があります。また、労働時間は、１日10時間・１週52時間以内（対象期間が３か月超の場合、１週48時間を超える週の数に制限あり）、連続して労働させる日数は６日（特定期間については１週に１日の休日が確保できる日数）が限度です。時季により繁閑差がある業種や職種

に向いています。

❸ 1週間単位の非定型的変形労働時間制

規模30人未満の小売業や飲食業等で、労使協定により、1週間単位で毎日の労働時間を弾力的に定めることができます。1日の労働時間は10時間が上限です。

労使協定は所轄の労基署へ届け出る必要があります。なお、業務を遂行するために、所定労働時間を超えて労働させる場合、業務の遂行に通常必要とされる時間労働したものとみなし、36協定の範囲内とすること

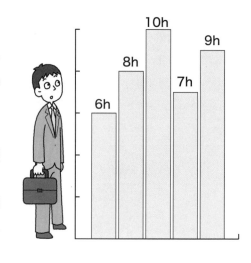

や割増賃金を支払うことが必要となる場合があります。

2）事業場外みなし労働時間制

「事業場外労働に関するみなし労働時間制」の略称で、労働者が業務の全部または一部を事業場外で行う場合、所定の時間労働したとみなす制度です。使用者の指揮監督が及ばず業務の労働時間算定が困難な場合に、使用者の労働時間算定義務が免除されます。ただし、安衛法により、事業者には、医師による面接指導を実施するため、厚生労働省令で定める方法で「労働時間の状況の把握」をする義務があります（詳細は98頁参照）。また、労使協定を締結する際、所定の時間として定める時間が8時間を超える場合は、所轄の労基署に届け出なければなりません。

3）裁量労働制

労働者の実労働時間に関係なく、労使間で定めた時間労働したとみなす制度です。業務の性質上、適切な遂行のためには大幅に労働者の裁量に委ねる必要があるため、業務の遂行手段・時間配分の決定等に使用者が具体的な指示をしないこととする業務に、対象労働者を就かせた場合に適用できます。労使協定や労使委員会の決議で、対象業務や労働したとみなす労働時間、労働者の健康・福祉確保措置の具体的な内容などの法定事項を定め、所轄の労基署に届け出なければなりません。次の2種類があり、それぞれ制度の導入要件・手続・対象者が異なります。ただし、❶❷のどちらも安衛法により、事業者には、医師による面接指導を実施するため、厚生労働省令で定める方法で「労働時間の状況の把握」をする義務があります（詳細は98頁参照）。

❶専門業務型裁量労働制

労使協定で定めます。研究者・弁護士・デザイナーなど、専門性が高い業務に従

事する労働者が対象です。

❷企画業務型裁量労働制

　労使委員会の決議で定めます。事業の運営に関する事項についての企画、立案、調査、分析業務に従事する労働者が対象です。

4）高度プロフェッショナル制度

　労使委員会の決議や労働者本人の同意を前提として、労基法に定められた労働時間、休息、休日・深夜労働の割増賃金に関する規定を適用しない制度です。研究開発者・アナリスト・コンサルタントなど、高度の専門的知識を有し、職務の範囲が明確で、一定の年収要件を満たす労働者が対象です。

　使用者は、年間104日以上の休日措置や健康管理時間の状況に応じた健康・福祉確保措置等を講じる必要があります。また、安衛法で、休憩等も含め職場にいた時間と職場以外の場所で働いた時間を足した「健康管理時間」の把握等が義務づけられています（詳細は98頁参照）。

　制度の導入にあたり、労使委員会で「健康管理時間」から労働時間以外の時間を除くことを決議する場合は、その時間の内容や性質を具体的に明らかにして、客観的な方法で把握する必要があり、除くとする時間に手待ち時間を含めることや一定時間を一律に除くことは認められません。

CHECK LISTS

☐	時間や場所にとらわれない労働形態として、フレックスタイム制・変形労働時間制・事業場外みなし労働時間制・裁量労働制・高度プロフェッショナル制度がある
☐	フレックスタイム制は、1日の労働時間の長さを固定的に定めず、3か月以内の一定の期間の総労働時間を定めておき、労働者がその総労働時間の範囲内で各労働日の始業・終業の時刻を選択して働ける制度である
☐	時間や場所にとらわれない労働形態を採用する場合、労使間の合意・対象者の限定等の条件や、労働者の健康等を守るための義務が課せられる

労働時間管理

《この事例で学習するポイント》

❶ 労働時間に関する法規制やガイドラインを正確かつ十分に理解する

❷ 労働時間を適正に把握・管理するために管理職がすべきことを理解する

《事例》

フレックス制など、多種多様な働き方がある中で、管理職である自分自身を含め、労働時間を適正に管理・把握するために、何をすべきでしょうか。

《解説》

1　基本解説

1）労働時間の把握義務

労働時間とは、使用者の指揮命令下に置かれている時間のことです。通常の業務に限らず、使用者の明示または黙示の指示により労働者が業務に従事する時間が労働時間に該当します。

労基法上、使用者には労働時間を適切に管理する責務があります。しかし、労働者が労働時間を自主的に申告する「自己申告制」が不適正に運用され、労働時間の把握が曖昧になり、一部で過重な長時間労働や割増賃金の

未払いが問題となりました。そこで、2017年、厚生労働省から労働時間を適正に把握するための具体的措置などを示すガイドライン[1]が公表されました。さらに、長時間労働やメンタル不調などによる健康リスクが高い労働者を見逃さないため安衛法が改正され、2019年4月より、使用者に「労働時間の状況の把握」が義務づけられました。

2）ガイドラインの概要

ガイドラインには、次のような、労働時間の適正な把握のために使用者が講ずべき措置などが示されています。

♦1　平29.1.20基発0120第3号「労働時間の適正な把握のために使用者が講ずべき措置に関するガイドライン」

❶始業・終業時刻の確認・記録

　単に１日何時間労働者が働いたかではなく、労働日ごとの始業・終業時刻を確認・記録し、これを基に何時間働いたかを把握・確定する必要があります。

❷始業・終業時刻の確認・記録の原則的な方法

　原則として、次のア・イのいずれかの方法によることが必要です。

ア	使用者が、自ら現認することにより確認し、適正に記録すること
イ	タイムカード、ICカード、パソコンの使用時間の記録等の客観的な記録を基礎として確認し、適正に記録する（必要に応じ使用者の残業命令書・報告書と突き合わせる）

❸自己申告制により始業・終業時刻の確認・記録を行う場合の措置

　やむを得ず自己申告制で労働時間を把握する場合、使用者は次のア〜オのような措置を講じるべきです。

ア	自己申告制の対象となる労働者に対して、ガイドラインを踏まえ、自己申告制の具体的内容・適正な自己申告により不利益な取扱いが行われることがないことといった、自己申告制の労働時間の実態を正しく記録し、適正に自己申告を行うことなどについて、十分な説明を行う
イ	実際に労働時間を管理する者に対して、ガイドラインの内容を理解し、労働時間の適正な自己申告を担保するため、自己申告制の適正な運用を含め、ガイドラインに従って講じるべき措置について十分な説明を行う
ウ	自己申告により把握した労働時間と、入退場記録やパソコンの使用時間等から把握した在社時間との間に著しい乖離がある場合には、実態調査を実施し、所要の労働時間を補正する
エ	自己申告した労働時間を超えて事業場内にいる時間について、理由等を労働者に報告させる場合、報告が適正に行われているか確認し、実際にはその時間が使用者の指揮命令下に置かれていたと認められる場合、労働時間として扱う
オ	使用者は、労働者が自己申告できる時間外労働の時間数に上限を設け、上限を超える申告を認めない等、労働者による労働時間の適正な申告を阻害する措置を講じてはならない。また、時間外労働削減のための措置等が労働時間の適正な申告を阻害する要因となっていないか確認し、要因となっている場合改善措置を講じる。さらに、36協定により延長できる時間数を超えて労働しているにもかかわらず、記録上これを守っているようにすることが、事業場内で慣習的に行われていないか確認する

❹賃金台帳の適正な調製

　使用者は、労基法とその施行規則により、労働者ごとに労働日数・時間数、休日・時間外労働時間数、深夜労働時間数等の事項を適正に記入しなければなりません。

❺労働時間の記録に関する書類の保存義務

　使用者は、労働者名簿・賃金台帳・出勤簿・タイムカード等の労働時間の記録に関する書類について、労基法に基づき、一定期間[◆2]保存しなければなりません。

❻労働時間を管理する者の職務

　人事労務担当役員や人事労務担当部長等、事業場において労務管理を行う部署の責任者は、労働時間が適正に把握されているか、過重な長時間労働が行われていないか等、労働時間管理の適正化に関する事項を管理し、管理上の問題点の把握とその解消を図らなければなりません。

❼労働時間等設定改善委員会などの活用

　使用者は、事業場の労働時間管理の状況を踏まえ、必要に応じ労働時間等設定改善委員会などの労使協議組織を活用し、労働時間管理の現状を把握の上、管理上の問題点や解消策等を検討することが望まれます。

3）ガイドラインが適用されない労働者とその労働時間管理方法

　ガイドラインは、派遣労働者[◆3]、短時間労働者、有期雇用労働者にも適用されますが、次の労働者には適用されません。

管理監督者等	労働条件の決定その他労務管理について経営者と一体的な立場にある者であり、役職名にとらわれず職務の内容等から実態に即して判断される。 なお、深夜労働に関する労基法の規定の適用は排除されない	
みなし労働時間制が適用される労働者	事業場外みなし労働時間制 ※労働時間の算定が困難な場合に限る	事業場外労働を行う者については、みなし労働時間制が適用される時間に限る。 なお、休憩・深夜労働・休日に関する労基法の規定の適用は排除されない
	裁量労働制	

　ただし、ガイドラインには、「本ガイドラインが適用されない労働者についても、健康確保を図る必要性がありますので、使用者は過重な長時間労働を行わせないようにするなど、適正な労働時間管理を行う責務があります」と規定されています。

　正確な労働時間の算定が困難な場合でも、使用者は労働者の健康確保措置を適切に実施するために「適正な労働時間管理」をする義務があるのです。

4）「適正な労働時間管理」と「適正な労働時間の把握」の違い

　3）でいう「適正な労働時間管理」と、安衛法の「労働時間の状況の把握」は同義で、ガイドラインが適用される労働者に対して課されている「適正な労働時間の把握」より広い概念です。また、ガイドラインに記載はないですが、高度プロフェッショナ

ル制度が適用される労働者には、ガイドラインも、安衛法の「労働時間の状況の把握」義務も適用されません。ただし、労基法で、使用者に、「健康管理時間の把握」などを義務づけています。

　健康管理時間について、使用者は、労働者の求めがあれば記録を開示する義務があり、健康管理時間が週40時間を超えた場合に、その超えた部分が月100時間を超えた対象労働者については、一律に、医師による面接指導を実施しなければなりません。面接指導実施に要する時間は健康管理時間に含まれます。

（図）「適正な労働時間管理」「労働時間の状況の把握」「健康管理時間」の関係

適正な労働時間管理（ガイドライン適用対象外の労働者）
＝労働時間の状況の把握（安衛法）
出社時刻と退社時刻から大体の労働時間状況を把握する

適正な労働時間の把握（ガイドライン適用対象の労働者）
タイムカード等の客観的記録で把握する

健康管理時間の把握（ガイドライン・安衛法適用対象外である高度プロフェッショナル制度適用者）
原則タイムカード・勤怠管理システム等の客観的記録で把握する
やむを得ない理由がある場合は自己申告制も可能

2　労働時間の適正な管理・把握のために何をすべきか（事例回答）

　労働時間を管理する職務を受け持つ管理職としては、時間と場所にとらわれない働き方をする労働者に対しても、できる限り通常の労働者（無期雇用フルタイム労働者）と同様の方法で、労働時間を適正に管理・把握するようにすべきです。通常の労働者でないからといって、労働時間の状況の把握を怠ると、使用者が、労契法上の安全配慮義務違反を問われることにもなるため、注意が必要です（後記**3**の裁判例参照）。

　なお、労働時間を管理する管理職でないと

しても、日頃から、部下が長時間労働等をしていないか、長時間労働等により身体・メンタルに不調を生じていないか等注視するべきです。使用者や労働時間を管理する管理職から労働者の健康状態等をヒアリングされた場合にも、適切に対応することが可能ですし、管理職としては、なにより職場の労働環境を安全に保つことが重要です。

　また、管理職自身も、自分が、労働条件の決定その他労務管理について経営者と一体の立場にある者として労基法で定める「管理監督者」にあたるのかを確認してください。「管理監督者」に該当すれば、自らの労働時間は自らの裁量で律することができ、深夜労働以外の労働時間に関する労基法の規制を受けません。該当しない者は、通常の労働者として、労働時間に関する労基法の規制を受けます。

　「管理監督者」の具体的な判断基準は以下のとおりです。

　　・職務内容が少なくとも部門全体の統括的な立場にあること
　　・部下に対する労務管理上の決定権限等につき一定の裁量権を有し、人事考課・機密事項に接していること
　　・管理職手当等で時間外手当が支給されないことを十分に補っていること
　　・自己の出退勤を自ら決定する権限があること

3　労働時間の状況把握について責任が問われた裁判例

長崎市立病院事件——長崎地判令元 .5.27

【事案の概要】

　地方独立行政法人Ｙが開設するＺ病院に勤務する医師Ａが内因性心臓病により死亡（当時33歳）した原因は、Ｚ病院における過重労働にあるとし、Ａの遺族Ｘ１〜Ｘ３が未払い割増賃金の支払い等を求めて提訴しました。

【裁判所の判断】

　Ｙは、Ａら医師のＺ病院における滞在時間や、通常の診療業務等の通常業務への従事時間について、客観的に記録するなどして労務管理をしてこなかったことを認定したうえで、ある程度概括的にＡの労働時間を推認することもやむを得ないとし、ＡがＺ病院へ申請した時間外労働の時間、電子カルテの稼働時間、Ｚ病院内のスタッフエリアへの通行時のＩＤによる履歴、Ａと妻Ｘ１とのメッセージアプリ等を利用したやり取りの内容等から、Ａの院内滞在時間を認定したうえで、そこから労働時間とは認められない可能性のある部分を控除して、労働時間を認定しました。

　その結果、Ａの就労期間中９か月間の通常業務のためのＺ病院滞在時間は計1681時間を超えており、明確な証拠のある当直業務を足すと、時間外労働時間数は、発症前

１か月あたり概ね100時間または発症前２か月間～６か月間にわたって、１か月あたり概ね80時間を超え、業務の内容、勤務の不規則性、拘束性、深夜業務を含む交替制勤務の状況等の要因を踏まえて、Aは発症前６か月間の長期にわたって、著しい疲労の蓄積をもたらす特に過重な労働に従事したと認定しました。そして、YはAら医師の労働時間を適正に把握し、医師の勤務体制を見直す等の対策をたてておらず、Aの健康状態の悪化を予見できたのに、労務負担軽減のための具体的な方策をとらなかったとし、Yに使用者としての安全配慮義務違反があったと認定しました。

【ここに注目！】

　本判決は、使用者が労働時間把握・管理義務を怠った事例であり、「ある程度概括的に推認する」という労働時間認定手法を採用した点に特色があります。

　また、使用者が労働時間把握・管理義務を怠っていた点を重視し、安全配慮義務違反を認めた点も重要です。働き方改革により、労基法上の労働時間制限が強化され、安衛法で労働者の健康確保のために「労働時間の状況把握義務」が規定された後の判断でもあるため、知っておくべき裁判例です。

CHECK LISTS

- ☐ 労基法上、使用者には労働時間を適切に管理する責務があり、安衛法では「労働時間の状況の把握」が義務づけられている

- ☐ 使用者は厚生労働省のガイドラインに従って、労働時間を適正に把握するために使用者が講ずべき具体的な措置を講じなければならない

- ☐ 使用者には、裁量労働制などガイドラインが適用されない労働者についても健康確保措置を適切に実施するために「適正な労働時間管理」をする義務がある

- ☐ 管理職は、時間と場所にとらわれない働き方をする労働者に対しても、できる限り通常の労働者と同様の方法で、労働時間を適正に管理・把握するように努める。通常の労働者でないからといって、「労働時間の状況の把握」を怠ると、労契法上の安全配慮義務違反を問われることになる

UNIT4

休日・休暇

休日・休暇

《この事例で学習するポイント》
❶ 法定休日と法定外休日にどのような違いがあるのか理解する
❷ 法定休暇と任意休暇の違いと種類を理解する

《事例》

　就業規則では、当社は週休２日制で、土曜日が法定外休日、日曜日が法定休日となっています。どの曜日がどの休日か、わざわざ特定する必要があるのでしょうか。

《解説》

1　基本解説

1）休日とは

　「休日」とは、労働者が労働契約において労働義務を負わない日です。

　労基法35条は、「使用者は、労働者に対して、毎週少なくとも１回の休日を与えなければならない」とし、例外として４週４日の変形休日制を認めています。労基法で定める休日を「法定休日」と言い、企業が定める休日を「法定外休日」（所定休日）といいます。例えば、週休２日制における１日の休日や、週休日でない祝日、週休日でない年末年始や創立記念日などの休日は、法定外休日にあたります。

　なお、４週４日の変形休日制の場合、就業規則等で、その起算日を定めておかなければなりません。

2）「休日」とは異なる「休暇」の意味

　「休暇」とは、労働義務のある労働日について就労の免除を得た日のことであり、労基法等により労働者に付与することが義務づけられた「法定休暇」と使用者が就業規則等によって任意に付与する「任意休暇」に分かれます。

❶法定休暇：次の11種類の休暇があります。

（表）法定休暇

年次有給休暇	産前産後の休業
生理日の休暇	業務上の災害による休業
妊産婦の通院時間	育児休業
1歳未満の子を育てる女性の育児時間	子の看護休暇
公民権行使のための休暇 （裁判員休暇を含む）	介護休業
	介護休暇

❷任意休暇：多岐にわたります。就業規則等に定めなければなりません。

　　例：慶弔等の特別休暇、ストック休暇、リフレッシュ休暇、ドナー休暇、

　　　　ボランティア休暇、犯罪被害者休暇、不妊治療休暇等

3）法定休日と法定外休日の違い

　法定休日と法定外休日には、下表のように法的規制が異なります。

（表）法定休日と法定外休日における法的規制の比較

	法定休日	法定外休日
定義	**労基法35条で定める**休日	法定外の、**企業が定める**休日
当該休日の労働時間	・36協定上の**「休日労働」**に該当 ・時間外労働の上限規制の特別条項（①月100時間未満、②2〜6か月平均が80時間以内、に収まっているか）の計算に算入される	・36協定上の**「労働時間」**に該当 ・時間外労働の上限規制の特別条項（①時間外労働が年720時間以内、②時間外労働と休日労働の合計が月100時間未満、③時間外労働と休日労働の合計について2〜6か月の月平均が80時間以内、に収まっているか）の計算に算入される
通常の割増賃金	**35％増**以上	**25％増**以上
月60時間超の割増賃金	**算定対象とならない**（35％増以上のまま）	**算定対象となる**（50％増以上）

　週休2日制の場合、どちらを法定休日の労働とするか、法定外休日の労働とするか特定することを労基法は要求していませんので、自社の就業規則等で特定していなくても違法ではありません♦1。

　しかし、特定しておけば割増賃金の計算や時間外労働の上限規制における時間算入の際に便利です。特に、労基法の改正により時間外労働の上限規制が法律で規定され、

♦1　平21.10.5「厚労省労基局監督課から都道府県労働局長あての事務連絡」によれば、法定休日が特定されていない場合の取扱いについて、法定休日が特定されていない場合、例えば暦週（日〜土）の日曜日と土曜日の両方労働した場合は、当該暦週において後順に位置する土曜日における労働が法定休日となるとしています。また、4週4日休日で法定休日を特定していない場合には、ある休日に労働させたことにより、以後4週4日の休日が確保されなくなるときは、当該休日以後の休日労働が法定休日労働となるとしています。例えば4週8日の休日のうち5日の休日に労働させれば、あとの休日は3日しかないので、5日の休日の最後の1日と、以後の休日の労働は、すべて法定休日の労働になるということです

時間外労働と休日労働の合計が、①月100時間未満、②2〜6か月平均が80時間以内でなければならないこととなりました（詳細は86頁参照）。つまり、「時間外労働と法定休日労働を合計する」という新たな時間管理が必要となったため、実務的には就業規則等で具体的に一定の日を法定休日と定めておくのが便利ですし、望ましいでしょう（週1日の法定休日を特定すれば必然的に法定外休日がいつかもわかります）♦2。

　なお、就業規則で規定し、事前に手続をしていれば、法定休日と法定外休日の振替も可能です（詳細は114頁参照）。

2　法定休日を特定する必要があるか（事例回答）

　1で解説したように、週休2日制の場合、どちらを法定休日の労働とするか、法定外休日の労働とするか特定することを労基法は要求していないため、特定する必要はありません。

　ただし、特定しておけば割増賃金の計算や労働時間計算の際に便利ですし、通達も法定休日を特定することが法の趣旨に沿うとしていますので、特定することが望ましいです。

　また、割増賃金・労働時間計算時以外にも、部下から休日出勤時の割増賃金について質問されることなども考えられるため、管理職として、自社の就業規則で、法定休日と法定外休日が何曜日になるかを把握しておくとよいでしょう。

CHECK LISTS

☐	労働者が労働契約において労働義務を負わない日のことを「休日」といい、労働義務のある労働日について就労の免除を得た日のことを「休暇」という
☐	休日には、労基法が定める「法定休日」と、企業が定める「法定外休日」がある。週休2日制における1日の休日、週休日でない祝日休日は、「法定外休日」にあたる
☐	休暇には、労基法等により労働者に付与することが義務づけられた「法定休暇」と、使用者が就業規則等によって任意に付与する「任意休暇」がある
☐	法定外休日を特定する法的義務はないが、労基法により、時間外労働と法定休日労働の合計時間について、上限規制が定められているため、特定しておくことが労務管理上望ましい

年次有給休暇

《この事例で学習するポイント》

❶ 年次有給休暇制度の概要と、使用者に課せられた義務を理解する
❷ 年次有給休暇を部下が確実に取得するために管理職がすべきことを理解する

《事例》

　年5日の年次有給休暇を取得させなければならない部下に、取得時期の希望を尋ねたところ、「もしものために、取得せずにとっておきたい」と言われました。このような場合、管理職としてどのように対応すればよいのでしょうか。

《解説》

1　基本解説

1）年次有給休暇の基本的なルール

　雇入れの日から起算して6か月継続勤務し、全労働日の8割以上出勤した労働者（管理監督者、有期雇用労働者を含む）には、原則として、年10日の年次有給休暇（以下「年休」）が付与されます。以後継続勤務年数に応じて、付与日数は年20日まで増加していきます。

　パートタイム労働者など、所定労働日数が少ない労働者に対する年休付与日数は、所定労働日数に応じて比例付与されます。比例付与の対象となるのは、所定労働時間が週30時間未満で、かつ、週所定労働日数が4日以下または年間の所定労働日数が216日以下の労働者です。

　年休は、労働者が請求する時季に与えなければなりません。ただし、使用者は、年休を与えることが事業の正常な運営を妨げる場合には、他の時季に年休の時季を変更することができます。年休の請求権の時効は2年です。年休の利用目的は労基法の関知しないところであり、休暇をどのように利用するかは、使用者の干渉を許さない労

働者の自由ですので、労働者は年休取得理由を申告する必要はありません。

　また、年休を取得したことで、欠勤がない・少ない場合に支給される手当を減額する等、年休の取得を抑制するような不利益な取扱いをすることは禁止されています。

2) 年5日の年休の確実な取得のための使用者の義務

　年休の取得促進のために、労基法が改正され、2019年4月1日から、すべての企業において、年5日の年休を使用者が時季を指定して労働者に取得させることが義務となりました（時季指定義務）。以下、時季指定義務のポイントを述べます。

❶対象者

　対象となるのは、年休を10日以上付与される労働者で、管理監督者や有期雇用労働者も含まれます。

❷年5日の時季指定義務

　労働者ごとに、年休を付与した日（基準日）から1年以内に、そのうちの5日について、取得時季を指定して年休を取得させなければなりません。

　ただし、既に5日以上の年休を請求・取得している労働者に対しては、使用者による時季指定をする必要はなく、また、することもできません。

❸時季指定の方法

　時季指定にあたっては、労働者の意見を聴取しなければなりません。また、できる限り労働者の希望に沿った取得時季になるよう、聴取した意見を尊重するよう努めなければなりません。

❹年次有給休暇管理簿の作成・保存

　労働者ごとに「年次有給休暇管理簿」を作成し、5年間（経過措置として当分の間は3年間）保存しなければなりません。

❺就業規則への規定

　休暇に関する事項は、就業規則の絶対的必要記載事項であり、対象となる労働者の範囲や時季指定の方法等について、就業規則に記載しなければなりません。

3) 年休の計画的付与制度とその活用

　年休の計画的付与制度（以下「計画年休」）とは、年休のうち、少なくとも5日は労働者の自由な取得を保障したうえで、5日を超える日数について、就業規則による規定と労使協定の締結により、前もって計画的に休暇取得日を割り振る制度です（労基署への届出は必要なし）。

　計画年休は、労務管理がしやすく計画的な業務運営が可能ですし、その付与日数は、前記2)の時季指定義務日数の5日から控除することができます。使用者としては時

季指定義務の履行が容易になるメリットがありますし、時季指定義務の漏れを防ぐ意味でもメリットがあります。労働者にとっても、ためらいを感じないで年休を取得できるメリットがあります。

計画年休には、次の3つの付与方式があります。

❶企業や事業場全体の休業による一斉付与方式

　全労働者に対して同一の日に年休を付与する方式です。例えば製造業など、操業をストップさせて全労働者を休ませることができる事業場などで活用されています。

❷班・グループ別の交替制付与方式

　例えば流通・サービス業など、定休日を増やすことが難しい企業・事業場などで活用されています。

❸年次有給休暇付与計画表による個人別付与方式

　夏季、年末年始、ゴールデンウィークのほか、誕生日や結婚記念日など労働者の個人的な記念日を優先的に充てるケースがあります。

4）時季指定義務と計画年休の調整

　時季指定義務と計画年休の具体的な調整は、次のように行います。

❶計画的付与の対象となっている年休の日数が5日以上の場合

　使用者の時季指定は不要となります。

❷計画的付与の対象となっている年休の日数が5日未満の場合

　計画的付与の対象となっている年休の日数を5日から控除し、使用者は、その残日数を時季指定しなければなりません。

❸計画的付与の対象となっている年休の日数と労働者が自ら取得した年休の日数との合計が5日以上の場合

　労働者が自ら申し出て取得した年休の日数も、時季指定義務の日数から控除できるため、使用者の時季指定は不要となります。

（表）時季指定義務と計画年休との調整例

・計画的付与で5日取得	⇒	使用者の時季指定は不要
・計画的付与で3日取得	⇒	使用者は2日を時季指定する義務がある
・計画的付与で2日取得＋労働者自ら3日取得	⇒	使用者の時季指定は不要
・労働者自ら5日取得	⇒	使用者の時季指定は不要
・労働者自ら3日取得	⇒	使用者は2日を時季指定する義務がある

2　時季指定義務対象者である部下が年休取得を希望しない場合の対応
（事例回答）

　使用者は、取得時季を指定して労働者に年5日の年休を確実に取得させる義務があり、この義務は労働者が年5日の年休取得を拒絶したからと言って免除されるものではありません。仮に部下が、時季指定された年休を拒絶し自らの判断で出勤し、使用者がその労働を受領した場合には、年休を取得したことになりませんので、法律違反となってしまいます。法律違反となれば、企業は、年休取得が年5日に満たなかった対象労働者ごとに、30万円以下の罰金を科される場合があります。

　事例のような場合、管理職として、希望を受け入れることはできないこと、年休は心身のリフレッシュ・生産性の向上に必須であることなど、法の趣旨を丁寧に説明、説得して、部下が任意で最低でも年5日の年休を取得するよう努めるべきです。なお、事例の部下は、もしものために年休をとっておきたいとのことですが、年休請求権は2年間で時効消滅してしまいます。年休を貯めておける期間は意外と短期間であり、気がつかないうちに消滅してしまう危険があることも説明してください。

　また、部下が年休を取りやすくするためには、1の3) で解説した計画年休制度の活用が有効的です。計画年休を導入していないのなら、導入を上層部に働きかけてみるのはいかがでしょうか。

CHECK LISTS

☐	年休は、原則として労働者が請求する時季に与えなければならない
☐	年休の利用目的は、使用者の干渉を許さない労働者の自由であり、労働者は年休取得理由を申告する必要はない
☐	すべての企業において、年休を10日以上付与される労働者に対して、年5日の年休を、使用者が時季を指定して取得させることが義務づけられている

振替休日・代休

《この事例で学習するポイント》

❶ 振替休日と代休の違いについて理解する

《事例》

　休日労働の振替休日を取得させる予定の部下から「今度の休日労働分の代休って割増賃金が発生するんですよね？」と言われました。どう対応すればよいでしょうか。

《解説》

1　基本解説

1）振替休日とは

　「振替休日」とは、休日と労働日を入れ替え、あらかじめ休日と定められた日を「労働日」とするかわりとして振り替えられた「休日」です。休日の振替をすると、元々休日であった日に労働させても休日労働にならず、35％以上の割増賃金を支払う義務がなくなります。また18歳未満の年少者など休日労働を禁止されている労働者も、振替をすれば、法定休日であった日に労働させることができます。労働者の同意は必要ありません。

　例えば、日曜日を法定休日と定めている場合に、その日曜日と、同じ週の水曜日を入れ替えて、日曜日を労働日に、水曜日を休日にした場合の扱いについて考えてみましょう。

（図）法定休日の日曜日に労働させ、同じ週の水曜日を振替休日とした場合

曜日	日	月	火	水	木	金	土
振替前	**休**	出	出	出	出	出	出
振替後	出	出	出	**休**	出	出	出

　まず、日曜日に労働させても休日労働をさせたことにはなりませんので、休日労働の割増賃金（35%以上）を支払う必要がありません。一方、もし振替休日とした水曜日に労働させれば休日労働になり、休日労働の割増賃金（35%以上）を支払う必要があります。週を超えて振り替えた場合に、その週の労働時間が40時間を超え、時間外労働となる際は、さらに25%以上の割増賃金を支払わねばなりません。

　なお、就業規則に法定休日と法定外休日を入れ替えられる旨が規定されていれば、事前に就業規則の規定に従って振替手続を行い、法定休日と法定外休日を振り替えることも可能です。企業にとって割増賃金率を低くできるというメリットがあります。

2）振替休日の要件

　休日の振替を行うためには、次の要件を満たす必要があります。

　　・就業規則等に休日の振替がある旨の規定があること
　　・振替実施日の少なくとも前日までに振替日を特定し、周知すること
　　・振替を行った後も法定休日が確保されていること[1]
　　・変形労働時間制を取る場合には、当該変形期間内の他の日に振り替えること

　なお、厚生労働省の通達[2]では、振り替えるべき日については、振り替えられた日以降できる限り近接している日が望ましいとされています。

3）代休とは

　「代休」とは、事前に振替という手続をとらず、休日労働を行わせた後に、その代償として与える休日のことです。法的に義務づけられたものではなく、代休を付与するか否かは、使用者の任意であり、付与された場合にそれを取得するか否かは労働者の任意です。代休日を無給とするか有給とするかについても、就業規則等で自由に取り決めることができます。代休を与えても、すでに休日労働を行ったという事実は消えないので、休日労働の割増賃金（35%以上）の支払いが必要となります。

4）代替休暇とは

　「代替休暇」とは、1か月について60時間を超える時間外労働に対する引上げ分の割増賃金の支払いに代わる休暇のことです。付与にあたっては労使協定で、①代替休暇の時間数の算定方法、②代替休暇の単位、③代替休暇を与えることができる期間について定める必要があります。なお、通達[3]で、代替休暇取得日の決定方法、割増賃金の支払い日等についても、労使間で協定することが望ましいとされています。

5）年休と代休・代替休暇の優先順位

　年休は、原則として労働者の請求する時季に与えなければならないことが、労基法で定められています。このため、労働者の年休取得申請に対し、代休や代替休暇を優

◆1　4週間で4日以上の休日を与える変形休日労働制をとる場合には、変形休日労働制の起算日から4週間
　　　以内の日に振り替える必要があります
◆2　昭23.7.5基発968号、昭63.3.14基発150号
◆3　平21.5.29基発第0529001号

先的に取得させることはできません。

2　振替休日の認識が異なる部下への対応（事例回答）

　これまで解説したとおり、振替休日と代休は、その法的性質や実務上の取扱いが全く異なります。事例の部下は、振替休日と代休を混同しているものと思われます。

　このため、まずは部下に、今回与えられているのは代休ではなく振替休日であり、元々休日であった日の労働は休日労働にならず、割増賃金は発生しないこと、休日の振替に労働者の同意は必要ないことなどを丁寧に説明しましょう。そのうえで、振替休日に予定どおり休息をとり、リフレッシュして業務に励んでもらいたい旨などを伝えてみてはいかがでしょうか。

行動予定表	
氏　名	予　定
なまえ　たろう	○／×　振休
やまだ　はなこ	13〜15　外出
たなか　ごろう	○／△　年休
すずき　くみ	
なかむら　しょう	

CHECK LISTS

☐　「振替休日」とは、休日と労働日とを入れ替え、あらかじめ休日と定められた日を「労働日」とし、そのかわりとして振り替えられた「休日」のことである。休日の振替に労働者の同意は必要ない

☐　休日の振替をすると、元々休日であった日に労働させても休日労働にならず、休日労働の割増賃金を支払う必要はない。ただし、週を超えて振り替えた場合には、その週の労働時間が40時間を超え、時間外労働となる場合には割増賃金を支払わねばならない

☐　「代休」とは、事前に振替という手続をとらず、休日労働を行わせた後に、その代償として与える休日のことである。代休を付与するか否かは使用者の任意であり、付与された場合にそれを取得するか否かは労働者の任意である

☐　代休取得の有無にかかわらず休日労働に対して割増賃金の支払いが必要となる

労務管理課程修了

UNIT 5

働き方と働く人の多様性

ワークライフバランス

《この事例で学習するポイント》

❶ ワークライフバランスの考え方について、正しく理解する

❷ ワークライフバランスの実現がもたらす効果や具体的な取組み例を知る

《事例》

　ワークライフバランスは男性にも必要なのでしょうか。また、これを推進することで企業にも何かメリットがあるのでしょうか。

《解説》

1　基本解説

1）ワークライフバランスとは

　ワークライフバランス (work-life balance) は、「仕事と生活の調和」を意味しています。米国で1980年代に生まれた考え方で、当時は、女性の仕事と子育ての両立支援が目的とされていました。日本では、1990年代以降、少子高齢化の進行などにより女性活用の必要性が増したことから、女性の仕事と子育ての両立を図るためのワークライフバランスが意識され、政府や企業がその実現のための制度創設等に取り組んでいました。

ワークライフバランス＝女性支援？

　その後、男女を問わず仕事と介護の両立困難等の社会課題や男女平等の価値観浸透により、ワークライフバランスは「すべての人」が人間らしく働いて生きるための考え方に変わっていきました。現在では、近年実施されている働き方改革の基礎にある重要な理念となり、「すべての人が、やりがいや充実感を感じながら健康に働き、仕事上の責任を果たしながら、私生活でもライフステージに応じて多様な生き方を選択・実現できる」というワークライフバランスの実現された社会が目指されています。

2）ワークライフバランス実現のための規定

　2007年、ワークライフバランスを官民一体となって実現するため、政府と経済界・労働界などの代表者は、「ワークライフバランス憲章」[1]と「ワークライフバランス行動指針」[2]を策定しました。さらに、2010年に成立した労契法にもワークライフバランスの理念が規定されました。以下、そのポイントを解説します。

❶ワークライフバランス憲章

　仕事と生活の調和の必要性等が示されたものです。冒頭で、誰もが有意義に働きながら、子育て・介護の時間や、家庭、地域、自己啓発等にかかる個人の時間を持ち健康で豊かな生活ができるよう、社会全体でワークライフバランスの実現を希求していかなければならない旨を示しています。また、仕事と生活の調和が実現した社会の姿は、「国民一人ひとりがやりがいや充実感を感じながら働き、仕事上の責任を果たすとともに、家庭や地域生活などにおいても、子育て期、中高年期といった人生の各段階に応じて多様な生き方が選択・実現できる社会」であり、具体的に、次のような社会を目指すべきと規定しています。

- ・就労による経済的自立が可能な社会
- ・健康で豊かな生活のための時間が確保できる社会
- ・多様な働き方・生き方が選択できる社会

❷ワークライフバランス行動指針

　❶の憲章で示す「仕事と生活の調和が実現した社会」とするための企業や労働者等の効果的な取組みや、国・地方公共団体の施策方針が定められています。

（表）企業や労働者などの効果的な取組みの例

労働者が、就労による経済的自立を図る取組み
・企業が、パート労働者等について、正規雇用へ移行しうる制度をつくる ・管理職は、率先して職場風土改革に取り組み、労働者も職場の一員として職場風土改革への取組みに努める ・労働者は、将来を見据えた自己啓発・能力開発に取り組み、企業はその取組みを支援する
労働者が、健康で豊かな生活のための時間が確保できる社会を実現する取組み
・企業は労働時間に関する法令を遵守する ・企業と労働者は、長時間労働の抑制、年次有給休暇の取得促進など、労働時間等の設定改善のための業務の見直しや要員確保に取り組む
多様な働き方・生き方が選択できる社会を実現する取組み
・企業は、育児・介護休業、短時間勤務、テレワークなど個人の状況に応じた柔軟な働き方を支える制度の整備と、それらを利用しやすい職場風土づくりを進める ・企業は、就業形態にかかわらず、公正な処遇や積極的な能力開発を行う

[1]　平19. 12. 18、内閣府「仕事と生活の調和（ワーク・ライフ・バランス）憲章」（2010年改訂）
[2]　平19. 12. 18、内閣府「仕事と生活の調和推進のための行動指針」

❸労契法

　労契法では、「労働契約は、労働者と使用者が仕事と生活の調和にも配慮しつつ締結し、又は変更すべきものとする」とし、「ワークライフバランスへの配慮の原則」を規定しています。理念としての規定ですが、労働契約を解釈するうえで、大切な基本理念のひとつです。

2　ワークライフバランスの実現目的・メリット（事例回答）

1）ワークライフバランスの実現に取り組む目的

　ワークライフバランスの実現目的が、「女性の仕事と子育ての両立」と狭く考えられていた時代もありましたが、現在では、「すべての人の充実した仕事と私生活の両立」と広く考えられており、その点を正しく理解すべきです。また、ワークライフバランスは、「仕事と生活の調和」を意味する「考え方」であり、ワークライフバランスの実現のために、様々な企業が多種多様な施策を実施しています。

2）ワークライフバランスの実現に取り組むメリット

　企業にとってワークライフバランスの実現に取り組むことは未来への投資的要素が強いと考えられます。しかし、目先の利益だけを考え、取組みを先延ばしにしたりないがしろにしたりするような企業は衰退の道をたどると言っても過言ではありません。以下、企業にとってのワークライフバランス実現に取り組むメリットを解説します。

❶人材の定着

　育児や介護との両立や、資格取得等のキャリアアップを図れる制度の創設・活用などにより、男女問わず、優秀な人材の確保とその人材の定着につながります。

❷生産性の向上

　私生活の充実により、労働者のモチベーションが向上し、生産性の向上を図ることができます。

❸労働者の心身の健康向上

　労働者が自分の時間を確保できることで、心身の健康向上につながります。特に、メンタル不調者の発生や労災の防止策として、長時間労働の解消が重要です。

❹企業イメージの向上

　「社員を大切にする企業であり、安心して働ける」という良い企業イメージを醸

成することができ、優秀な人材確保や、ステークホルダー（Stakeholder；企業経営における利害関係者。株主、消費者、取引先などが挙げられる）へのアピールが可能となります。

3）具体的な企業の取組み例

企業において実施されている、いくつかの取組み例を紹介します。

❶男性労働者の育児休業取得奨励

男性労働者の育児休業の取得促進のために、企業トップが男性労働者も育児休業取得をするよう奨励する意思を表明しました。その後、管理職を含め、労働者に対し研修を行い、モデルケースを好意的に取り上げる等の努力をした結果、男性労働者の育児休業取得率が向上しました。

❷法定より充実させた制度の創設

育児・介護休業法で子が3歳になるまで適用される短時間勤務制度を、子の小学校卒業まで利用できるようにする・通算93日まで取得可能な介護休業を、最長1年まで取得できるようにするなど、法定より充実させた制度を設けた結果、離職率が低下しました。

❸時間や場所にとらわれない働き方の導入

勤務開始・終了時間にある程度裁量を持てるフレックスタイム制度や自宅等で仕事ができるテレワークを導入した結果、業務効率が向上し離職率が低下しました。

❹長時間労働の削減のための施策

ノー残業デーを設け、労働者に対し長時間労働をしないよう周知・啓発したり、年休に加えバースデー休暇やリフレッシュ休暇といった有給休暇制度を設けた結果、時間外労働が減少し、年休の取得率が向上しました。

CHECK LISTS

☐ ワークライフバランスは、「すべての人が、やりがいや充実感を感じながら健康に働き、仕事上の責任を果たしながら、私生活でも、ライフステージに応じて多様な生き方を選択・実現できる」ための考え方である

☐ ワークライフバランスの実現は、企業にとって人材が定着し、労働者にとって、ライフステージに応じて働き方を選択できるといった効果をもたらす

副業・兼業

❶ 副業・兼業をめぐる近年の状況を押さえる

❷ 副業・兼業に伴い生じる可能性のある問題について知る

《事例》

　最近、副業・兼業をする人が増えていると聞きます。だれでも、どこでも、自由に副業・兼業をしてよいのでしょうか。

《解説》

1　基本解説

1)　副業・兼業に関する国の姿勢

　近年、働き方に関する選択肢のひとつとして、副業・兼業を促進することは柔軟な働き方を実現するために重要であるとして、政府主導で普及促進が進められています。

　厚生労働省は2018年1月、「副業・兼業ガイドライン」◆¹を策定しました。さらに、2019年3月にはモデル就業規則を改定し、それまで掲載していた副業禁止条項を削除し、以下の新しい条項を掲載しました。

　　（副業・兼業）

　　第68条　労働者は、勤務時間外において、他の会社等の業務に従事することができる。

　　2　労働者は、前項の業務に従事するにあたっては、事前に、会社に所定の届出を行うものとする。

　　3　第1項の業務に従事することにより、次の各号のいずれに該当する場合には、会社は、これを禁止又は制限することができる。

　　①　労務提供上の支障がある場合

　② 企業秘密が漏洩する場合

　③ 会社の名誉や信用を損なう行為や、信頼関係を破壊する行為がある
　　場合

　④ 競業により、企業の利益を害する場合

　副業・兼業を認めることは、企業にとって、優秀な人材の獲得・流出の防止等のメリットがありますので、今後広がっていくものと思われます。

　なお、新型コロナウイルス感染症の影響を受け、労働者を休業させざるを得なくなった企業が、労働者の生活を支えるために副業・兼業の解禁に踏み出した例が少なくありません。

2）副業・兼業の形態

　正規社員、パート・アルバイト、会社役員、起業による自営業等、副業・兼業の形態は様々です。また、事業場内に限らず、サテライトオフィスや在宅での勤務等、労働の場所も様々です。

3）副業・兼業で生じる問題

　事業主は、副業・兼業を認める場合、次の❶〜❺のような点に配慮すべきです。「労働者が勝手に副業・兼業をするのだから関係ない」と労務管理を怠ると、企業に責任が及んだり、業務上の秘密が漏洩する等の被害を受けたりする可能性がありますので、注意が必要です。

❶労働者に届出義務を課すこと

　副業・兼業に従事する労働者（以下「副業・兼業労働者」）の労働時間や健康状態等を把握するために、副業・兼業の内容について労働者に届出をさせることが必要です。例えば、副業・兼業を行う場所、勤務時間、業務量について届出をさせ、現在の業務に支障がないことを確認したうえで、副業・兼業を認めることに留意すべきです。

　また、事業主は、副業・兼業先の事業主から労働時間記録の情報共有を求めることについて、労働者から同意を得ておくべきです。主業先、副業・兼業先の双方で適正な時間管理を行い、その情報を双方で共有することが望まれます。

❷副業・兼業労働者の労働時間管理をすること

　事業主は、労働者が労基法の労働時間に関する規定が適用される副業・兼業をしている場合、労働者からの自己申告により、副業・兼業先での労働時間を把握しなければなりません。なぜなら、労基法38条1項は、「労働時間は、事業場を異にする場合においても、労働時間に関する規定の適用については通算する」と規定して

おり、行政解釈は、同一使用者の下で事業場を異にする場合のみならず、別使用者の下で事業場を異にする場合も含まれるとしているからです。

　事業主は、労働時間を通算した結果、副業・兼業労働者が法定労働時間を超えて労働することとなり、自社が36協定を締結していない場合には、36協定を締結の上、自社で発生した時間外労働について、労基法で定める割増賃金を支払う必要があります。

　例えば、事業主Aのもとで、所定労働時間1日5時間の労働契約で働いていた労働者が、後から事業主Bと所定労働時間1日4時間の労働契約を締結して労働した場合です。後から契約する副業・兼業先の事業主Bは、当該労働者が他の事業場で労働していることを把握・確認したうえで、労働契約を締結すべきであり、事業主Bに割増賃金の支払い義務が発生します。

（図）副業・兼業と時間外労働の考え方
　　　事業主A：所定労働時間＝5時間
　　　事業主B：所定労働時間＝4時間
　　　→時間外労働＝5時間＋4時間－8時間＝1時間

　なお、副業・兼業ガイドラインは、簡便な労働時間管理の方法として、先に労働契約を締結していた使用者と、後に労働契約を締結した使用者との間で、両者の労働時間の合計が単月100時間未満、複数月平均80時間以内となる範囲内において、各々の使用者の事業場における労働時間の上限をそれぞれ設定し、各々の使用者がそれぞれの範囲内で労働させるという「管理モデル」を提案しています。

❸副業・兼業者の健康管理を行うこと

　安衛法に基づく一般健診およびストレスチェックの実施対象者は、常時使用する労働者であり、副業・兼業先における労働時間の通算は不要とされています。

　しかし、副業・兼業ガイドラインは、「使用者が労働者の副業・兼業を認めている場合は、健康保持のため自己管理を行うよう指示し、心身の不調があれば都度相談を受けることを伝えること、副業・兼業の状況も踏まえ必要に応じ法律を超える健康確保措置を実施することなど、労使の話し合い等を通じ、副業・兼業を行う者の健康確保に資する措置を実施することが適当である」と示しています。この「健康確保措置」には、健診やストレスチェックが含まれます。さらに、「使用者の指示により当該副業・兼業を開始した場合は、実効ある健康確保措置を実施する観点から、他の使用者との間で、労働の状況等の情報交換を行い、それに応じた健康確保措置の内容に関する協議を行うことが適当である」とも示しており、副業・兼業の状況を踏まえた健康管理が望ましいといえます。

❹副業・兼業者と労災保険

　2020年3月に成立した改正労災保険法により、複数業務要因災害の負荷の判断に際し、各事業場における負荷を通算して考慮されることになりました。

　また、従来、労災保険の給付額については、災害が発生した就業先の賃金分のみに基づいて算定していましたが、非災害発生事業場の賃金額も合算して労災保険給付を算定することになりました。

❺副業・兼業者と雇用保険

　2020年3月に成立した改正雇用保険法により、2つ以上の適用事業の事業主に雇用される65歳以上の者であって、1つの適用事業における週所定労働時間が20時間未満でありながら、2つの適用事業における週所定労働時間の合計が20時間以上の者については、自らの申出により、「特例高年齢被保険者」として同法の被保険者資格が認められることになりました（2022年1月1日施行）。

2　副業・兼業についての制限（事例回答）

　1の1)で解説したように、副業・兼業を普及促進することが政府の方針のひとつとなっていますので、誰でも、どこでも、副業・兼業できる方向に向かっていると言ってよいでしょう。ただし、労働者が全く自由に副業・兼業を認められるわけではありません。事業主は、1の3)で挙げた問題に対し配慮し、適切な労務管理をしなければ、問題が起きた際に責任を問われる可能性がありますし、秘密漏洩等の不利益を受ける可能性もあります。そのため、1の1)のモデル就業規則で規定されているように、労働者の副業・兼業が制限・禁止される場合があるのです。

　また、当該労働者の業務量、労働時間が過多であることを把握しながら、副業・兼

業労働者の労働時間について配慮をせず、副業・兼業労働者に長時間労働に起因する疾病や過労死が生じてしまった場合、把握していた事業主（主業先、副業・兼業先どちらも）には安全配慮義務違反の責任が生じる可能性があります。

　部下が副業・兼業を行う場合には、自社が主業先、副業・兼業先であるかにかかわらず、労働時間、業務量について適切に管理することが必要です。

CHECK LISTS

- [ ] 企業にとって、副業・兼業を認めることは、優秀な人材の獲得・流出の防止等のメリットがある

- [ ] 事業主は、副業・兼業を認める場合、副業・兼業者の①届出義務づけ、②労働時間管理、③健康管理、④労災保険、⑤雇用保険に配慮すべき。管理を怠ると、企業に責任が及んだり、業務上の秘密が漏洩する等の被害を受けたりする可能性がある

育児・介護と仕事の両立支援

《この事例で学習するポイント》
❶ 育児・介護と仕事の両立のために使える制度や相談機関を把握する
❷ 育児・介護で悩みを抱える部下に、適切な対応をする

《事例》

　部下から「母の介護のため仕事を辞めたい」と申出がありました。今辞めてしまうのはもったいないと思うのですが、上司として何かできることはないでしょうか。

《解説》

1　基本解説

1）育児・介護休業制度とは

　育児や介護は、人生のなかで、誰にでも起こり得ることです。近年は、育児と家族の介護が同時期に起こる「ダブルケア」が必要な状態にある労働者もおり、育児や介護に時間を割くために、仕事を辞める労働者も少なくありません。ただ、子の成長や家族の介護施設入居などにより、後に元のようにフルタイムで働ける可能性が高いにもかかわらず、離職してしまうことは、もったいないと言わざるを得ません。

母の介護のため
仕事を辞めます

　労働者が育児や介護と仕事を両立させるには、労働者の負担を軽減する制度の活用や、企業のサポートが必要不可欠です。そこで、育児・介護休業法では、労働者が育児・介護と仕事を両立できるよう、事業主に、以下の制度について労働者に適用させることを義務づけています。要件を満たした労働者の申出を拒むことはできません。④～⑥は、育児・介護共通の制度です。

　なお事業主は、子の看護休暇を、子が小学校を卒業するまで取得できるようにするなど、①～⑥の最低基準を上回る独自の制度を設けることが望ましいです。

（表）育児・介護休業法が育児・介護と仕事の両立のため事業主に義務づけている主な制度

①休業制度（育児休業）	①休業制度（介護休業）
・原則として、1歳未満の子を養育する男女労働者が、子が出生した日から1歳に達する日（誕生日の前日）までの間で、労働者が申し出た期間休業できる権利を労働者に保障する ・育児休業期間中は、要件を満たせば雇用保険から育児休業給付金が支給される	・要介護状態（介護保険制度の要介護状態区分で要介護2以上または通達♦1で定める要介護表一覧表にしたがって認められる状態）にある家族1人につき、通算して93日まで、3回を上限として分割して休業できる権利を労働者に保障する ・介護休業期間中は、要件を満たせば雇用保険から介護休業給付金が支給される
②休暇制度（子の看護休暇）	②休暇制度（介護休暇）
小学校入学に達するまでの子を養育する労働者は、年5日まで（子が2人以上の場合10日まで）病気・けがをした子の看護または子に予防接種・健康診断を受けさせるため育児休業や年次有給休暇とは別に1日、半日、時間単位で休暇を付与する	介護が必要な家族1人につき、年5日まで、対象家族が2人以上の場合には1年度に10日まで、介護休業や年次有給休暇とは別に1日または半日または時間単位で休暇を付与する
③勤務時間の短縮措置（育児）	③勤務時間の短縮措置（介護）
3歳に満たない子を養育し、育児休業をしていない労働者から申出があった場合、原則、所定労働時間の短縮措置を講じなければならない 業務の性質または業務の実施体制に照らして、所定労働時間の短縮措置が困難と認められるとして労使協定により適用除外された労働者に関して、次のいずれかの措置を講じなければならない ・育児休業に関する制度に準じる措置 ・フレックスタイム制度の適用 ・始業・終業時刻の繰上げ・繰下げ ・事業所内保育施設の設置運営その他これに準ずる便宜の供与	介護休業の他に、連続する3年間以上の期間において、次のいずれかの措置を講じなければならない（選択的措置義務） ・所定労働時間短縮の制度（日単位、週単位、月単位などで勤務時間や勤務日数の短縮を行う） ・フレックスタイム制度の適用 ・始業・終業時刻の繰上げ・繰下げ ・労働者が利用する介護サービスの費用の助成その他これに準ずる制度

④所定外労働の免除
3歳に満たない子を養育する労働者、要介護状態にある対象家族を介護する労働者が請求した場合、所定労働時間を超えて労働させてはならない
⑤時間外労働の制限
小学校就学前の始期に達するまでの子を養育する労働者、要介護状態にある対象家族を介護する労働者が請求した場合、制限時間（月24時間、年150時間）を延長して労働させてはならない
⑥深夜業の制限
小学校就学前の始期に達するまでの子を養育する労働者、要介護状態にある対象家族を介護する労働者が請求した場合、深夜業をさせてはならない

♦1　平28.8.2職発0802第1号・雇児発0802第3号「育児休業、介護休業等育児又は家族介護を行う労働者の福祉に関する法律の施行について」

その他、育児・介護休業法では、転勤についての配慮や、育児・介護休業などの取得を理由に不利益な取扱いをすることの禁止などを規定しています。

事業主は、育児・介護を理由とする離職を防ぐために、これらの規定を踏まえた自社の両立支援制度を使えることなどを日頃から労働者に周知・啓発し、制度を活用しやすい職場にすべきです。特に、育児休業については、男性も取得する権利を有していますが、取得率は非常に低いという現実があります。理由のひとつとして、男性が育児休業を取得すると、出世に響く・仕事への熱意がない等の印象を持たれるなどと感じる雰囲気や、パタニティハラスメント（通称パタハラ。男性育休取得者・取得希望者に対する嫌がらせ）が職場にあることが考えられます。育児休業を取得しやすいような労働環境の整備等により、男性の育児休業取得促進を図ることは、「男は仕事をして家族にお金を渡し、女は家庭を守って子を育てる」といった固定的・前時代的な男女の役割分担意識の解消にもつながります。ぜひ貴社でも性別を問わず、育児休業の取得を推進してください。

2）介護保険、相談機関等の利用

❶介護保険制度の利用

介護保険は、要介護※1状態または要支援※2状態にあることが受給要件です。それ以外にも、家族の介護負担を軽減する様々な公的サービスが設けられています。詳細は、ケアマネージャー等の専門職がいる市区町村の介護保険担当課や地域包括センターに相談することができます。

❷育児・介護休業法に関する相談

制度利用等に伴う職場トラブルの相談を都道府県労働局等で受け付けています。

❸介護休業給付金の申請手続等

ハローワークで相談を受け付けています。

❹その他

各自治体独自に、「仕事と生活の両立支援相談窓口」等、育児・介護等に悩む人向けの相談窓口を設けている場合があります。また、厚生労働省の「介護離職ゼロポータルサイト」等、育児と介護と仕事の両立に役立つウェブサイトがあります。

《用語解説》　※1　要介護：介護保険制度を利用する基準となる状態。身体障害や認知症などの精神障害により、歩行・食事・入浴などの日常生活動作に何らかの介護を要する状態
　　　　　　　※2　要支援：介護保険制度を利用する基準となる状態。身体障害や認知症などの精神障害があり、歩行・食事・入浴などの基本動作は自力でできるが、浴槽をまたげないなどの状態で悪化防止等のために何らかの支援を要する状態

2　介護のために辞職を申し出た部下への対応（事例回答）

　少子高齢化により、介護が必要な方は増加しています。介護をする側は、働き盛りで、企業の中核を担う労働者である場合も多いです。家族の介護が必要となった場合、先の見えない介護や、介護に伴う転居などにより、離職を選択する人も出てきます。実際、介護を理由とする離職（介護離職）者は年間10万人近くいるといわれています。しかし、介護離職をする際に、介護と仕事を両立するために様々な制度があることを知らなかったり、退職後のことを十分に考えられていない人もいます。

　介護離職により、労働者はキャリアが分断され、収入が減る等のデメリットがあり、企業としてもせっかく育てた人材が失われることになります。介護離職を部下が申し出た場合、上司としては、部下の気持ちや現状をよく聞いたうえで、介護離職に伴うデメリットを説明し、利用できる制度や相談機関等があることと、人事労務担当と連携して職場での協力態勢を整える旨を伝え、介護離職をできるだけ防ぐよう努力してください。

CHECK LISTS

- ☐ 育児・介護休業法では、労働者が育児・介護と仕事を両立できるよう、様々な制度を労働者に活用させることを事業主に義務づけている

- ☐ 育児・介護休業法で定める休業や休暇などの制度以外に、育児・介護と仕事の両立のために利用できる制度や相談機関などもある

- ☐ 介護離職を部下が申し出た場合、部下の状況をよく聞き、社内外に利用できる制度や相談機関があること等を伝え、介護離職をできるだけ防ぐよう努める

治療と仕事の両立支援

《この事例で学習するポイント》

❶ 治療と仕事の両立を支援する意義、具体的な支援の内容を知る

❷ 上司として、部下の治療と仕事の両立支援のためにすべき配慮の内容を知る

《事例》

　がんと診断され治療が必要になった部下から「仕事を続けたいが、治療と仕事を両立できるか不安を感じている」という相談を受けました。治療と仕事の両立のために、上司として、どのような配慮ができるでしょうか。

《解説》

1　基本解説

1）治療と仕事の両立の現状

　厚生労働省の調査[1]等によると、心身の疾病や、疾病リスクを抱える労働者は増加傾向にあります。心身の疾病により治療が必要になると、通常どおり働くことは難しくなりますが、医療の進歩で、多くの疾病は、働きながら通院治療できるようになってきています。

治療　　　　仕事

2）事業者による「治療と職業生活の両立支援」

　事業者による「治療と職業生活の両立支援」（以下「両立支援」）には、次のような意義があります。

- ・労働者の健康確保　・継続的な人材の確保
- ・組織としての社会的責任の実現
- ・労働者の安心感やモチベーションの向上による人材の定着、生産性の向上
- ・多様な人材の活用による組織や事業の活性化
- ・労働者のワークライフバランスの実現

両立支援は、労使双方にとって重要な課題であり、厚生労働省は、2016年2月公表

の「両立支援ガイドライン」[2]で、両立支援の進め方や留意事項などを示しています。以下、2020年3月に改訂された内容に基づいてポイントを解説していきます。

❶両立支援を行うための環境整備（実施前の準備）

　事業者により取り組むことが望ましい事項は次のとおりです。

　ア　事業者による基本方針等の表明と労働者への周知

　イ　研修等による両立支援に関する意識啓発

　ウ　相談窓口等の明確化

❷両立支援に関する制度・体制等の整備

　職場の実情に応じて次のような支援を検討・導入し、治療のための配慮を行うことが望ましいです。

（表）両立支援に関する制度・体制の例

○休暇制度の導入 ・時間単位の年休付与 　1日単位での付与が原則とされる年休は、労使協定を締結し、年休のうち5日分まで時間単位で付与可能 ・傷病休暇・病気休暇 　入院治療や通院のために、年次有給休暇とは別に休暇を与える法定外の休暇。事業者が自主的に設けるため、取得条件や賃金の支払いの有無等は事業場ごとに異なる
○柔軟な勤務制度の導入（事業者が自主的に設ける勤務制度） ・時差出勤制度 　始業・終業の時刻を変更し、身体に負担のかかる通勤時間を避けることが可能 ・短時間勤務制度 　療養中・療養後の負担軽減を図ることが可能 ・テレワーク（在宅勤務） 　通勤による身体への負担等を軽減することが可能 ・試し出勤制度 　長期休業していた労働者が、勤務時間や勤務日数を短縮した試し出勤で、復職する労働者や受け入れる職場の不安を解消し、円滑な復職に向け具体的な準備を行うことが可能
○労働者から支援を求める申出があった場合の対応手順・関係者の役割の整理 　労働者から支援を求める申出があった場合、円滑な対応ができるよう、労働者本人、人事労務担当、上司・同僚等、産業医や保健師、看護師等の産業保健スタッフ等の関係者の役割と対応手順をあらかじめ整理しておく
○関係者間の円滑な情報共有のための仕組みづくり 　労働者本人を中心に、人事労務担当、上司、同僚等、産業医・主治医等が、本人の同意を得たうえで、就業上の措置や治療に対する配慮など、必要な情報を共有し、連携する。 　なお、治療に対する配慮などは、症状や治療方法などは個人ごとで大きく変わるため、個別の特性に応じてする必要がある。また、本人の病気に関連した個人情報の取扱いは、プライバシー侵害にならないよう注意が必要

○両立支援に関する制度や体制の実効性の確保
　日頃からすべての労働者に対して、制度、相談窓口等の周知を行い、管理職に対して、労働者からの申出、相談を受けた際の対応方法等について研修等を行う

○労使等の協力
　制度・体制の整備といった環境整備に向け、検討を行う際には、衛生委員会などで調査審議するなど、労働者、事業者、産業保健スタッフが連携して取り組む

2　部下の仕事と治療の両立支援のために上司ができる配慮（事例回答）

　現代では、日本人の2人に1人が、がんにり患すると言われており、がん医療の進歩等により、がんを抱えながら仕事を続けている労働者も多くいます。上司は、がん治療を受ける部下が治療と職業生活を両立できるよう、次のような配慮をすべきです。

1) 組織で連携する

　両立支援は、上司だけでなく、組織として取り組む必要があります。本人の同意を得たうえで、人事労務担当・主治医・産業医等と連携して、対応しましょう。

（図）両立支援に向けた対応の流れ

```
┌─────────────────────────────────────────┐
│ 両立支援に必要な情報を労働者、主治医等から収集する │
└─────────────────────────────────────────┘
                      ↓
┌─────────────────────────────────────────┐
│ 事業者は、主治医や産業医の意見を勘案し就業継続の可否を判断する │
└─────────────────────────────────────────┘
        ↓                              ↓
┌──────────────────────┐  ┌──────────────────────┐
│ 入院等休業を要しない場合      │  │ 入院等休業を要する場合        │
│ ●両立支援プランの策定と取組み │  │ ●休業前、休業期間中の対応     │
│ ●周囲の者への対応　　など    │  │ ●職場復帰の可否の判断、       │
│                            │  │ 　復帰プランの策定と取組み     │
│                            │  │ ●周囲の者への対応　　など     │
└──────────────────────┘  └──────────────────────┘
```

2) 本人の同意を得たうえで周囲に情報を伝える

　治療中の労働者に対して就業上の措置や配慮を行うことで、同僚など周囲に一時的に負荷がかかります。そのため、就業上の措置や治療に対する配慮を実施するために必要な情報に限定したうえで、負荷がかかる同僚などには可能な限り情報を開示して理解を得てください。また、心理負担を減らすため産業医との面談を設定する・副作用で辛いとき休憩室を利用しやすいよう人事労務担当に申し入れるなど、組織的な支援を得るよう努めてください。

3）個別性に配慮し柔軟に対応する

がん治療は、長期にわたることも多く、治療に伴い副作用が出現することがあります。また、がん治療の方法や治療に伴う症状などは労働者によって異なり、治療の段階により通院頻度なども変動します。両立支援にあたっては、労働者本人や主治医から情報を提供してもらい、特に個別性に配慮して、労働者の体調に応じ、柔軟に勤務時間の変更や就業上の措置などの対応をしましょう。

4）安心して働ける職場環境づくり

上司は、両立支援の社内制度を利用しやすい風土の醸成・労働者への配慮・その後の自身の後任者への引継ぎ等、部下が安心して働ける職場環境づくりに努めてください。疾病を抱える労働者の治療と仕事の両立を支援することは、他の労働者に「病気になった労働者にも優しい職場」であると伝わり、人材の流出防止につながります。

特に、がんと診断された労働者の中には、精神的な動揺や不安から、早まって退職を選択してしまう者もいます。労働者の不安を和らげるよう努めましょう。上司からの、「無理せずに、できる範囲でやっていこう」という言葉に救われたという体験記もあります。ほかにも、例えば、保険による傷病手当金や高額療養費制度など、自社の制度以外にも役立つ情報を案内する、定期的に治療の経過や業務調整などの連絡を取るなどが考えられます。

CHECK LISTS

☐	両立支援は、労働者の安心感やモチベーションの向上による人材の定着、生産性の向上などにつながるため、労使双方にとって重要な課題である
☐	厚生労働省は、「事業場における治療と職業生活の両立支援のためのガイドライン」で、両立支援の進め方や留意事項などを示している
☐	両立支援のためには、労働者のプライバシーに配慮したうえで、組織として連携し、労働者の症状等に応じた個別の配慮が必要である

テレワーク

《この事例で学習するポイント》
❶ テレワークとは何か、テレワークのメリット・注意点を理解する
❷ テレワークでも適正に労務管理を行うための留意点を把握する

《事例》

　勤務先のオフィス以外で働く「テレワーク」が普及してきていますが、どのようなメリットがあるのでしょうか。また管理職は、テレワークを行う労働者の長時間労働をどのように防いだらよいのでしょうか。

《解説》

1　基本解説

1）テレワークとは

　テレワークとは、「tele=離れた所」と「work=働く」をあわせた造語で、労働者が情報通信技術を利用して行う事業場外勤務のことです。テレワークを導入する際、使用者には就業規則等で就業の場所等テレワークに関する労働条件を明示する義務があります。

　テレワークは、育児・介護と仕事の両立などに役立つことから、政府により導入が推奨されていたところ、2020年、新型コロナウイルス感染症の感染拡大の影響で、急速に普及しました。

2）テレワークの形態

　次の3つの形態があります。

❶在宅勤務

　労働者の自宅で業務を行います。出社の必要がなく、本来通勤に必要な時間を、有効に活用できる、仕事と生活との調和に資する働き方です。

　例えば、育児休業明けの労働者にとって、育児・介護休業法で定める短時間勤務

制度と組み合わせることで、距離や時間など、保育所の送り迎えの負担を軽減できます。

❷サテライトオフィス勤務

　労働者の勤務先以外のオフィスで業務を行います。自宅近くや通勤途中の場所等に設けられたサテライトオフィスでの勤務は、通勤時間を短縮しつつ、在宅勤務やモバイルワーク以上に作業環境の整った場所で働ける、生産性の向上に資する働き方です。営業活動中・出張中などに、自社・自社グループ専用で利用できる「専用型」と、複数の企業がシェアして利用できる「共用型」の2種類があります。

❸モバイルワーク

　ノートパソコンやスマートフォンなどを活用して、臨機応変に選択した場所で業務を行います。新幹線の車内やカフェなど、労働者が自由に働く場所を選択し、営業・出張などの移動時間を利用できる、業務の効率化に資する働き方です。

3) テレワークでの労務管理

　労基法でいう労働者については、テレワークを行う場合でも、労働関係法が適用されます。

　そのため、通常のオフィス勤務同様、労働者の労務管理を行う必要があります。労働時間を管理する必要がありますし、業務中にけが等した場合は労災の対象にもなります。テレワークでは、管理職が、直接、労働者の勤務している様子を見ながら仕事をできるわけではないので、特に労働時間管理が難しくなってきます。以下、テレワークを適用できる主な労働形態ごとに、テレワーク時の労働時間の適正な管理方法に関する注意点を解説します。

❶通常の労働時間制度

　ガイドライン[1]に基づき、使用者は労働者の労働時間の把握を適切に行わなければなりません。ガイドラインでは、始業・終業時刻は、パソコンの使用時間の記録等の客観的な記録によることを原則としています。

　通常の労働時間制度では、労働者が一時的に業務から離れる「中抜け時間」を、どう取り扱うかが問題となります。この時間について、使用者が業務の指示をしないこととし、労働者が労働から離れ、自由に利用することが保障されている場合は、中抜け時間の開始と終了の時間を労働者に報告させることなどにより、休憩時間として取り扱う（就業規則等に記載要）、もしくは時間単位の年次有給休暇として取り扱うことが可能です（労使協定の締結要）。

◆1　平29.1.20基発0120第3号「労働時間の適正な把握のために使用者が講ずべき措置に関するガイドライン」

（図）中抜け時間を休憩時間として取り扱う例

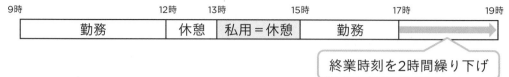

9時		12時	13時	15時		17時		19時
勤務		休憩	私用＝休憩	勤務				

終業時刻を2時間繰り下げ

（図）中抜け時間を時間単位の年次有給休暇として取り扱う例

9時	12時	13時	15時	17時
勤務	休憩	私用＝年休	勤務	

❷ フレックスタイム制

労働者が、始業・終業時刻を調整できるため、オフィス勤務の日は労働時間を長くし、在宅勤務の日は労働時間を短くして、家庭生活に充てる時間を増やすなど、時間の融通が利きます。ただし、あくまで始業・終業の時刻を労働者の決定に委ねる制度であるため、通常の労働時間制度同様、使用者はガイドラインに基づき、労働者の労働時間の把握を適切に行わなければなりません（詳細は98頁参照）。

中抜け時間についても、労働者自らの判断で、中抜けの時間分、その日の終業時刻を遅くしたり、清算期間の範囲内で他の労働日に労働時間を調整できます。

❸ 事業場外みなし労働制

使用者にとって、労働時間の算定義務が免除されるため労務管理がしやすくなります。事業場外みなし労働時間制には、ガイドラインが適用されませんが、所定労働時間または業務の遂行に通常必要とされる時間労働したものとみなすことになります。ただし、使用者には、労働者の健康確保の観点から、安衛法による「労働時間の状況の把握」の義務があります（詳細は98頁参照）。

また、事業場外みなし労働制は、使用者の具体的な指揮監督が及ばず、労働時間を算定することが困難である場合に限り適用され、在宅勤務で適用するには、次のア〜ウの要件をすべて満たす必要があります。

ア　業務が自宅で行われること

イ　パソコンが使用者の指示で常時通信可能な状態となっていないこと

（表）常時通信可能な状態に該当する例・しない例

常時通信可能な 状態に該当する例	・労働者が自分の意思で通信可能な状態を切断することが使用者から認められていない場合 ・使用者が労働者に対してパソコンなど情報通信機器を用いて電子メール、電子掲示板などにより随時具体的な指示を行うことが可能であり、かつ、使用者からの具体的指示があった場合に労働者がそれに即応しなければならない状態にある場合
常時通信可能な 状態に該当しない例	・単に回線が接続されているだけで労働者がパソコンから離れることや通信可能な状態を切断することが自由である場合

ウ　随時使用者の具体的な指示に基づいて業務が行われていないこと

　業務の目的・目標・期限などの基本的事項の指示や、基本的事項の変更指示は、「具体的な指示」に含まれません。

❹裁量労働制

　始業・終業時刻を労働者が決められるため、時間の融通が利きます。

　裁量労働制にはガイドラインが適用されませんが、使用者には、労働者の健康確保の観点から、安衛法による「労働時間の状況の把握」の義務があります（詳細は98頁参照）。

2　テレワークのメリットと長時間労働対策（事例回答）

1) テレワークのメリット

テレワークのメリットには、主に次のようなものが考えられます。

使用者側のメリット
・業務効率化による生産性の向上 ・優秀な人材の確保や育児・介護等を理由とした離職の防止 ・オフィスコスト（通勤費や賃料等）の削減 ・新型感染症の感染拡大など、非常時における事業継続
労働者側のメリット
・通勤時間の短縮、通勤に伴う精神的・身体的負担の軽減 ・育児や介護と仕事の両立の一助となる ・仕事と生活の調和（ワークライフバランス）の実現を図ることが可能 ・新型感染症やインフルエンザなどの感染症にり患する機会、危険を減らす

2) テレワークの注意点

　テレワークには1)のようなメリットがありますが、長時間労働を招くおそれや、労働時間管理の難しさ、情報漏洩リスクが高まる等の問題があることも確かです。

特に、仕事に必要な機器や情報が常に手近にあるためか、「キリのいいところまでやりきろう」などと考え、労働者が成果を出すために、長時間労働をしてしまう場合もあります。管理職としては、長時間労働等を行う労働者への注意喚起等を行い、適正な時間管理を行うことが大事です。次のような対策を上層部に進言したり、テレワーク労働者へ注意・指導を行うことをお勧めします。

①時間外・休日・深夜に、業務に関する指示や報告の連絡をすることを禁止する

②深夜・休日にはシステムへアクセスできないよう設定する

③テレワークを行う際の時間外・休日・深夜の労働を原則禁止する

④長時間労働等を行う労働者に対して、個別に注意喚起する

また、データの持ち出しやテレワークに使用するノートパソコンの電車内置き忘れなど、テレワークによる情報漏洩を防止するために、セキュリティガイドライン[2]も参考に、労働者への注意喚起、システム上の対策を講じることも重要です。

なお、テレワークでは、労務管理のために、カメラでの監視やパソコンの操作画面の監視等、人やシステムを使った様々な施策を実施している企業がみられます。しかし、過度な監視になってしまうと、労働者がストレスを感じ、かえって生産性が低下したり、プライバシー侵害等の問題が生じる危険性があり、注意が必要です。

CHECK LISTS

- [ ] 労働者が情報通信技術を利用して行う事業場外勤務「テレワーク」には、①在宅勤務、②サテライトオフィス勤務、③モバイルワークの3形態がある

- [ ] テレワークでも、通常のオフィス勤務同様、労働時間管理などの労務管理を行う必要があり、労働形態ごとに適用の条件や中抜け時間などの扱いが異なる

- [ ] テレワークには、優秀な人材の確保や離職の防止、通勤に伴う精神的・身体的負担の軽減などのメリットがあるが、長時間労働を招くおそれや、労働時間管理の難しさ、情報漏洩リスクが高まる等の注意点もある

女性が働くということ

《この事例で学習するポイント》

❶ 妊娠・出産保護のみでなく、広い視点で女性労働者の健康と安全の保護を考える
❷ 一般的な女性労働者の保護のための法規制について基本的な知識を得る
❸ 女性特有の症状や病気について適切な知識を得る

《事例》

女性の部下から「今日は生理痛が辛く、休みたい」との連絡がありましたが、生理休暇制度を悪用しているのではないかと疑ってしまいます。上司としてどう対応すべきでしょうか。

《解説》

1　基本解説

1)　一般的な女性労働者の保護についての基本的視点

生理痛が辛いので…

法律上の女性労働者に対する保護のうち、健康や育児・介護などの家族的責任に関する保護は、男女共通を原則としています。一方で、一般的な女性労働者の保護については、限定的に認められています。妊娠・出産に関係する保護のみでなく、広い視点で女性の健康と安全の保護を考えることが、女性労働者保護を定める法律の理解のために必要です。

2)　一般的な女性労働者の保護のための法規制

一般的な女性労働者の保護のために、次の❶〜❹の定めがあります。

❶坑内業務の就業制限

事業主は、下記の女性を一定の坑内業務◆1に就かせてはなりません。

・妊娠中の女性

・坑内業務に従事しないと申し出た産後1年を経過しない女性

◆1　（1）人力により行われる土石、岩石もしくは鉱物（以下「鉱物等」）の掘削または掘採の業務、（2）動力により行われる鉱物等の掘削または掘採の業務（遠隔操作により行うものを除く）、（3）発破による鉱物等の掘削または掘採の業務、（4）ずり、資材等の運搬もしくは覆工のコンクリートの打設等鉱物等の掘削または掘採の業務に付随して行われる業務（計画作成、工程管理、品質管理、安全管理、保安管理その他の技術上の管理業務、技術上の指導監督の業務を除く）

❷危険有害業務の就業制限

事業主は、下記の業務については、すべての女性に労働させてはなりません。

ア　重量物を扱う業務

年齢区分に応じて下記の重量以上の重量物を取り扱ってはなりません。

年齢	重量（単位：kg）	
	断続作業	継続作業
満16歳未満	12	8
満16歳以上満18歳未満	25	15
満18歳以上	30	20

イ　有害物のガス、蒸気または粉じんを発散する場所における、一定の業務

上記ア、イは、女性の妊娠・出産機能に関連する保護規定ですが、妊娠・出産保護のみを目的とするものではありません。妊娠・出産機能だけでなく女性の健康と安全・保護を目的としているのです。

例えば、重量物を扱う業務を継続すると、子宮下垂などの症状が発生し、出産に障害があるだけではなく、女性の健康を損なうことにつながります。したがって、❷は、妊娠・出産期と関係なく、生涯にわたって女性保護の対象になるのです。例えば、60歳の女性社員を、「妊娠・出産する可能性がないから」という理由で、禁止されている重量物を扱う業務に従事させることは、労基法違反となります。

❸生理日の就業が著しく困難な女性に対する措置

事業主は、生理日の就業が著しく困難な女性が休暇を請求した場合、その労働者を生理日に就業させてはならず、生理休暇を与える必要があります。苦痛の程度について医学的証明は不可能ですから、本人の申出によるしかありません。

なお、特別の証明がなくても女性労働者から請求があった場合には、原則として休暇を与えることとし、特に証明を求める必要が認められる場合であっても医師の診断書のような厳格な証明を求めることなく、例えば同僚の証言程度の簡単な証明でよいとされています。

❹深夜業に従事する女性労働時間の就業環境整備

女性労働者は男性労働者と同様に深夜業に従事することが可能ですが、夜間に通勤したり、夜間、人気のない職場で業務を遂行しなければならないことも考えられます。このため、事業主は、深夜業に従事する女性労働者の通勤および業務の遂行の際における防犯面からの安全を確保するために必要な措置を講ずるように努めな

ければなりません。

　具体的に事業主が講ずるよう努力しなければならない措置については、指針◆2と安衛法、安衛則で定められています。

2　生理休暇の請求に対する上司の対応（事例回答）

　生理による苦痛の程度についての医学的証明は不可能ですから、原則として本人の申出によるしかありません。上司としては女性労働者の申出を信用して対応するしかないです。ただし、後記 3 の裁判例のように、明らかな証拠が出てきた場合には、不正取得による懲戒処分が裁判例で認められています。

　生理痛は、同じ女性であっても人によって程度や症状が異なり、生理の 1 、 2 週間前から生理が始まるまで体調不良が起こる「月経前症候群（PMS）」、生理中に就業が著しく困難となる生理痛、めまい・吐き気・下痢等の症状が出る女性もかなりいることが医学的に知られています。

　なお、女性の中には生理だけでなく、更年期障害（男性にも更年期障害がありますが女性ほどはっきりしていないようです）、子宮筋腫等子宮や卵巣の病気、不妊（男性も同じですが、その治療は圧倒的に女性に負担がかかります）に悩む人もいます。上司は、女性特有の症状や病気について適切な知識を得るようにし、女性部下の就業環境が悪化しないよう配慮に努めてください。

3　生理休暇の不正取得が認められた裁判例

岩手県交通事件──盛岡地一関支判平 8.4.17

【事案の概要】

　バス会社YのバスガイドXは、1992年11月14日から16日まで生理休暇を取得し、14日深夜から遠隔地へ長時間かけて旅行し、翌15日の民謡大会に歌い手として出場しました。なお、Yでは、生理休暇のうち 2 日間は有給休暇とし、処遇上出勤扱いとしていました。Yは、Xが生理休暇を不正取得したとして、Xを 6 か月の休職処分（給与不支給）としたところ、Xは、懲戒処分の無効確認請求等の訴訟を提起しました。

【裁判所の判断】

　Xが民謡大会に出場した事実等から、生理日の就業が著しく困難であったといえないことが明らかであるとし、Xの行為は生理休暇の不正取得であり、懲戒処分に該当する規則違反であるとしましたが、休職6か月の処分は重すぎるとして、休職3か月の限度で有効としました。

【ここに注目！】

　本件は、生理休暇の権利を濫用した悪質な事例です。同僚からの告発等で不正取得が判明した場合には、懲戒処分の対象となることを明らかにした判例です。

CHECK LISTS

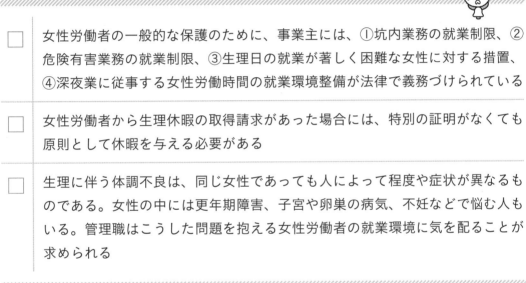

☐　女性労働者の一般的な保護のために、事業主には、①坑内業務の就業制限、②危険有害業務の就業制限、③生理日の就業が著しく困難な女性に対する措置、④深夜業に従事する女性労働時間の就業環境整備が法律で義務づけられている

☐　女性労働者から生理休暇の取得請求があった場合には、特別の証明がなくても原則として休暇を与える必要がある

☐　生理に伴う体調不良は、同じ女性であっても人によって程度や症状が異なるものである。女性の中には更年期障害、子宮や卵巣の病気、不妊などで悩む人もいる。管理職はこうした問題を抱える女性労働者の就業環境に気を配ることが求められる

L G B T Q

《この事例で学習するポイント》

❶ LGBTQ 関係のハラスメントを予防し、発生した場合はすぐに適切な対応を行う

❷ LGBTQ に関係するハラスメントについての法と指針を十分に理解する

❸ LGBTQ に配慮した取組みを積極的に進めることで働きやすい職場環境をつくる

《事例》

　部下 X から、ゲイであることをカミングアウトされ、「同僚が『おかまとかホモは気持ち悪いな』などと私にきこえるように同性愛を茶化すような話題で盛り上がっていることがつらい。我慢の限界です」という相談を受けました。上司として、どのように対応したらよいのでしょうか。

《解説》

1　基本解説

　LGBTQ とは、レズビアン（Lesbian：女性同性愛者）、ゲイ（Gay：男性同性愛者）、バイセクシュアル（Bisexual：両性愛者）、トランスジェンダー（Transgender：身体の性と異なる性別で生きる人、あるいは生きたいと望む人）、クエスチョニング（Questioning：性的指向※1および性自認※2における少数者を表します。従来よく使われていた LGBT に比べて、より正確に性的少数者を総称しています。

ゲイってさぁ〜…

　さらに、性の多様性に対応して、最近では「LGBTQ ＋」という、LGBTQ 以外の性的少数者を包含しようとする表現もあります。

　なお、「カミングアウト」とは、自己の性自認や性的指向を他者に明らかにすることです。一方、本人の了承を得ずに、本人が公にしていない性的指向や性自認を暴露

《用語解説》　※ 1　性的指向：恋愛感情や性的興味を感じる対象が、異性、同性または両性のいずれに向かうかを示す概念。同性愛か異性愛かは生物学的性別ではなく、性自認の性別を基準にする。本人の意思で選んだり変えたりすることはできず、Sexual Orientation（セクシュアル・オリエンテーション）ともいわれる
　※ 2　性自認：生物学的性別にかかわらず、どの性に自分が属しているかという認識を指す。本人の意思で選んだり変えたりすることはできない。Gender Identity（ジェンダー・アイデンティティ）ともいわれる
　※ Sexual Orientation と Gender Identity の頭文字を取り合わせて SOGI（ソジ）と呼ぶ。SOGI は、国連の諸機関で広く用いられている

することを「アウティング」といいます。

2 日本における LGBTQ をめぐる現状

2020年5月、厚生労働省は、職場の LGBTQ に関する実態調査の結果報告と企業の取組み事例[1]を公開し、かなりの割合で LGBTQ の当事者が「職場での困りごと」を抱えている実態が明らかになりました。事例のような LGBTQ の問題に積極的に取り組むことは、LGBTQ の当事者だけでなく、企業にとっても、組織の活性化、人材確保など様々なメリットがあります。

逆に LGBTQ の問題に対して不適切な対応を取ると、人材の流出、法的責任の発生、企業イメージの低下等のリスクにつながります。特に日本では、LGBTQ に対する無理解等による社会的偏見は、いまだに根強く、人権侵害として企業の責任が問われる裁判例も出ています。

LGBTQ に対する不用意な言動は、セクハラやパワハラになり得ます。国の指針が出ているので、上司としては LGBTQ に対する理解をすると同時に法と指針を正確に理解し、事例のような問題にきちんと対応する必要があります。

3 LGBTQ に関するハラスメント（事例回答）

1) LGBTQ に関するセクハラ指針およびパワハラ指針

セクハラ指針[2]は「被害者の性的指向又は性自認にかかわらず、当該者に対する職場におけるセクシュアル・ハラスメントも、本指針の対象となるものである」と規定し、セクハラには同性に対するものも含まれることが明記されています。

また、パワハラ指針[3]は、パワハラに該当する「精神的な攻撃」の例として「人格を否定するような言動を行うこと。相手の性的指向・性自認に関する侮辱的な言動を行うことを含む」を挙げており、さらにパワハラに該当する「個の侵害」の例として「労働者の性的指向・性自認等の機微な個人情報について、当該労働者の了解を得ずに他の労働者に暴露すること」を挙げています。

2) 事例 X の同僚の言動

「おかま」や「ホモ」といった言葉は、それ自体が差別的・侮蔑的に使われてきた歴史や経緯があるため使うべきではありませんし、侮蔑的な言動としてパワハラに該当します。同僚が「おかまとかホモは気持ち悪いな」等、同性愛を茶化すような話をし、X が精神的苦痛を受けているというのは、性的指向・性自認に関する侮辱的な言動としてパワハラに該当します。

---

[1] 令2.3発行（令2.9.16訂正）、厚生労働省「職場におけるダイバーシティ推進事業 報告書」、「多様な人材が活躍できる職場環境に関する企業の事例集〜性的マイノリティに関する取組事例〜」

[2] 平18厚生労働省告示第615号「事業主が職場における性的な言動に起因する性的な言動に起因する問題に関して雇用管理上講ずべき措置についての指針」

[3] 令2厚生労働省告示第5号「事業主が職場における優越的な関係を背景として言動に起因する問題に関して雇用管理上講ずべき措置等についての指針」

3）上司がなすべき対応

2019年5月29日、労働施策総合推進法が改正され、パワハラに関する事業主の措置義務が明記されました。事業主は、職場におけるパワハラを防止するため、方針の明確化や周知・啓発、相談体制の整備、パワハラに係る事後の迅速かつ適切な対応等雇用管理上適切な措置を講じなければなりません。

上司は、労働施策総合推進法およびパワハラ指針に従って、Xの相談に対応する必要があります。対応を誤れば、企業だけでなく当該上司にも法的責任が生じる可能性がありますので、上司にはLGBTQについての理解と適切な対応が求められます。

具体的には、次のような対応が考えられます。ただし、次の対応はあくまで例なので、事案の細かい事情に応じて、柔軟な対応をしてください。

❶事実確認

Xのプライバシーの保護に注意しながら、丁寧な事情聴取をなし事実確認を行い、Xが、上司や事業主に何を求めているのかを正確に確認してください。

この際、労働者の性的指向・性自認は、機微な個人情報を含みますので、Xの了解を得ないで他の労働者に暴露すること（アウティング）もパワハラに該当することに注意が必要です。

自社に相談窓口等相談体制（以下「相談窓口等」）が整備されている場合には、上司は相談窓口等の利用をXに対し勧めること、相談窓口等と連携を取ることも考えられます。

❷加害者への対処

Xが、同僚への注意等積極的な対応を求めている場合には、上司または相談窓口等はXの同僚から事実確認をすると同時に、Xの同僚に対し、Xへの言動がパワハラに該当すること、Xに対する重大な人権侵害となること、懲戒処分の対象となる可能性のあることを説明し、Xの同僚からXへの謝罪等適切な対応を取り、職場のコミュニケーションを円滑化し、LGBTQ当事者だけでなく非LGBTQ労働者も共に働きやすい職場環境を作るよう配慮してください。

なお、Xが求めていないにもかかわらず、安易にXを配置転換することは、Xに責めがあるという印象を与える可能性がありますので、注意が必要です。

❸人事労務担当との連携

Xの了解を得られれば、Xの性的指向・性自認について、必要な範囲で人事労務担当に連絡し、配慮を促してください。

❹上司としての対応

相談を受ける上司や相談窓口担当者が、LGBTQ についての理解が不十分なために、例えば「LGBTQ に違和感や嫌悪感を持つのは仕方がないと思う」等、同僚の感じ方に同調するような対応を取ってしまうと、上司は、パワハラ被害者に対し、二重のパワハラ被害を与えることになります。また、3 の裁判例のような事態に発展し、企業の対応が違法とされる場合もありますので、注意が必要です。上司は、LGBTQ 関係の問題について、自社の就業規則や相談窓口等がきちんと整備されているか、周知・啓発が十分にされているか等を点検し、不十分な場合には、人事労務担当へ提言するなど働きかけ、自社が、企業として LGBTQ 関係の対策を取り、ハラスメントが起きないよう予防措置を取るよう進めてください。

なお、厚生労働省による「モデル就業規則」（平成31年3月版）には下記のような性的指向・性自認に関するハラスメント対策を含めた就業規則が掲載されているので、参考にしてください。

第15条（その他あらゆるハラスメントの禁止）

　12条から前条までに規定するもののほか、性的指向・性自認に関する言動によるものなど職場におけるあらゆるハラスメントにより、他の労働者の就業環境を害するようなことをしてはならない。

4　LGBTQ への対応の適法性が問われた裁判例

経済産業省職員（性同一性障害）事件──東京地判令元.12.12

【事案の概要】

　経済産業省（以下「経産省」）職員Xは男性として入省し、戸籍や身体的には男性だが、自分の性別を女性だと認識していました。入省後に性同一性障害[4]の診断を受け、家庭裁判所の許可を得て戸籍上の名前を変更し、ホルモン療法をしていました。

　しかし、健康上の理由から手術を受けられないため、戸籍上の性別変更手続はしていませんでした。Xは、上司と人事担当部署に「女性職員として勤務を開始したい」と申し入れ、経産省は、Xに対し、女性用休憩室や更衣室の利用を許可しましたが、

◆4　性同一性障害者の性別の取扱いの特例に関する法律で、「性同一性障害者」について、「生物学的には性別が明らかであるにもかかわらず、心理的にはそれとは別の性別であるとの持続的な確信を持ち、かつ、自己を身体的及び社会的に他の性別に適合させようとする意思を有する者」と定義しています。広義のトランスジェンダーに含まれます

女性トイレについては、勤務するフロアにおけるトイレの使用を認めず、2階以上離れたフロアのトイレを使用するよう利用制限をしていました。

　Xは、トイレの利用制限を違法として国に対し、国家損害賠償請求訴訟を起こしました。

　トイレは人の生理的作用に伴って必ず使用しなければならない施設であり、自認する性別に対応するトイレの使用を制限されることは重要な法的利益の制約にあたるとし、経産省によるトイレ利用制限を違法とし、国に対し慰謝料等132万円の支払いを命じました。

【ここに注目！】

　裁判所は、Xの上司の「なかなか手術を受けないんだったら、もう男に戻ってはどうか」という発言について「職員の性自認を正面から否定するもの」とし、国家賠償法上、違法だと判断しています。本裁判事例は民間労働者ではなく公務員ですので、上司個人の責任は問われていませんが、同じようなことが民間企業で問題になった場合、上司個人の責任が問われた可能性が高いです。上司にとって、LGBTQ への理解が重要であることがわかる裁判例です。

5　企業として LGBTQ に対し積極的な取組みをしている例

　LGBTQ に配慮した取組みを積極的に進めることは、LGBTQ への対応の周知・啓発につながります。また、だれもが働きやすい職場環境をつくることにより、企業のイメージアップ等のメリットもあります。以下に、企業の取組み事例を紹介するので、自社にも同様の規定がないか、確認してみましょう。

1)　福利厚生における取組みをしている例

　　・介護休業の対象家族に同性パートナーを含める
　　・同性パートナーなど、事実婚状態のカップルを夫婦として扱い結婚祝い金
　　　を支給

【意義】

　現行の育児・介護休業法、育児・介護休業法施行規則における「配偶者」には同性パートナーは含まれていないと解されるので、同性パートナーの介護のために介護休業を認めなくても違法ではありません。しかし、認めることにより LGBTQ についての理解や啓発が進む効果があり、企業にとっても人権に配慮しているというプラスのイメージに繋がります。

2)　トランスジェンダーの社員が働きやすい職場環境の整備をしている例

　　・工場で着用する制服について、従来は制服の色が男女で分かれていたが、
　　　異物混入などを防止する目的で制服を見直す際に、男女同色に変更
　　・性別適合手術について、傷病休暇を取得できることを就業規則で明記

【意義】

　男女で服装の区別を設けない対応を取ることは、LGBTQ への配慮というだけでなく、男女差別の解消にもつながります。

　性別適合手術は、性同一性障害を抱える者に対する治療のひとつであり、手術を望む者にとっては、治療の必要性が認められます。企業が私傷病休暇制度を設けている場合、他の負傷・疾病のため療養が必要な場合と同じように、私傷病休暇の申出に応じる義務があります。他の私傷病休暇の場合と比較して不利益な取扱いをすることは差別的取扱いとなる可能性がありますので注意をしてください。なお、2018年4月より性別適合手術（ホルモン療法を除く）について公的保険の適用が認められています。

CHECK LISTS

- [ ] LGBTQ とは、レズビアン（Lesbian：女性同性愛者）、ゲイ（Gay：男性同性愛者）、バイセクシュアル（Bisexual：両性愛者）、トランスジェンダー（Transgender：身体の性と異なる性別で生きる人、あるいは生きたいと望む人）、クエスチョニング（Questioning：性的指向や性自認が未確定の人）の頭文字をとった、性的指向および性自認における少数者を表す

- [ ] 自己の性自認や性的指向を他者に明らかにすることを「カミングアウト」という。一方、本人の了承を得ずに、本人が公にしていない性的指向や性自認を暴露することを「アウティング」という

- [ ] LGBTQ に対する不用意な言動は、セクハラやパワハラになり得る。上司としては LGBTQ に対する理解をすると同時に、法と指針を正確に理解し、事例のような問題にきちんと対応する必要がある

- [ ] LGBTQ の問題に積極的に取り組むことは、LGBTQ の当事者だけでなく、企業にとっても、組織の活性化、人材確保など様々なメリットがある

高年齢者の雇用促進

《この事例で学習するポイント》

❶ 高年齢者雇用安定法の趣旨・内容を理解する

❷ 高年齢者の部下への接し方を考える

《事例》

　以前直属の上司だった方が、定年後再雇用され、自分の部下になりました。年上で元上司ということもあり、指示を出すとき、とても緊張するのですが、どのように接すればよいでしょうか。

《解説》

1　基本解説

1）高年齢者雇用安定法の概要

　我が国は、少子高齢化が進行しており、労働力不足が問題となっています。高年齢者（55歳以上）[1] が培ってきた知識と経験を活かし、健康で意欲と能力がある限り、年齢にかかわりなく働き続けることができる生涯現役社会が求められています。

元管理職の再雇用労働者

　以上の趣旨から、高年齢者雇用安定法は、事業主に次の❶～❸の義務を定めています。

❶60歳未満定年の禁止

　事業主が「定年」（労働者の意思にかかわらず、労働契約関係を一定の年齢到達により終了させる制度）を定める場合は、その定年年齢は60歳以上としなければなりません。60歳を下回る定年の規定は無効であり、その企業には定年の規定はないものとみなされます。

❷65歳までの高年齢者の雇用確保措置

　定年年齢を65歳未満に定めている事業主は、原則として、次のア～ウのいずれかの高年齢者の雇用確保措置を講じなければなりません。

　ア　65歳まで定年年齢を引き上げ

　イ　65歳までの継続雇用制度を導入

　ウ　定年廃止

　イの継続雇用制度とは、現在雇用している高年齢者を、本人の希望によって定年後も引き続き雇用する制度です。定年で一旦退職とし、新たに雇用契約を結ぶ「再雇用制度」と、定年で退職とせず、引き続き雇用する「勤務延長制度」があります。

　定年後も働きたいと希望する65歳までの労働者全員を対象としなければなりません。その際の労働条件は、基本的には労使で協議し決定すべきですが、高年齢者の意欲や能力等に応じた適正な配置と処遇になるよう努めるべきです。

2）70歳までの就業機会の確保（2021年4月1日以降）

　2020年3月31日、高年齢者雇用安定法が改正されました。この改正は、65歳から70歳までの就業機会を確保するため、高年齢者就業確保措置として、事業主に、70歳までの定年年齢引上げ等のいずれかの措置を講ずる努力義務を設けました。

　高年齢者就業確保措置の具体的な内容は、次のとおりです。

❶70歳までの定年年齢引上げ

❷70歳までの継続雇用制度の導入

❸定年廃止

❹高年齢者が希望するときは、70歳まで継続的に業務委託契約を締結する制度の導入

❺高年齢者が希望するときは、70歳まで継続的に、事業主が自ら実施する社会貢献事業、または、事業主が委託、出資（資金提供）等する団体が行う社会貢献事業に従事できる制度の導入

2　年上で元上司であった部下への対応（事例回答）

　1で解説したように、高年齢者の雇用促進が図られている昨今、自分より年上の部下がいることも少なくないでしょう。しかし、企業は組織であり、円滑に仕事をするための上司と部下なのですから、管理職としては、部下が年上であるとか元上司であ

ることを気にしないのが原則です。ただし、その部下は、元管理職ということも含め豊富な経験や知識を有していますので、部下の能力を生かすという意味では、その能力や人間力に敬意を払って接することは大事です。相手が理解できるように丁寧かつ率直な言葉で、指示を伝えればよいので、遠慮してコミュニケーション不足になることは避けてください。管理職は、部下が年下でも年上でも関係なく、相手の人格を十分に尊重したうえで、仕事を遂行するための指示をすることが大事なのです。

3　高年齢者が働きやすい職場づくり

　2で説明したような接し方に加え、高年齢者がいきいきと安心して働くには、企業とその管理職が、エイジフレンドリーな職場づくりをすることが大切です。エイジフレンドリーとは、「高齢者の特性を考慮した」を意味する言葉で、WHO（世界保健機関）や欧米の労働安全衛生機関でも使用されています。

　なお、WHOは「高齢者」を「65歳以上の人」と定義していますが、ここでは、広く高年齢者も含めてエイジフレンドリーの取組みについて記述します。

　高年齢者は、身体機能の低下等により、若年層に比べると労災に遭いやすく、近年の厚生労働省の調査[2]では、休業4日以上の労災のうち、60歳以上の労働者の割合が、4分の1以上を占めています。また、重症化もしやすいことが統計上明らかになっています。

　こうした状況から、厚生労働省が2020年3月に「エイジフレンドリーガイドライン」[3]を策定しました。企業と管理職には、ガイドラインに沿って、高年齢の労働者の健康・体力状況を把握し、その状況に応じて業務を割り振ったり、身体機能の低下を補う設備・装置を導入したりするといった取組みをすることが望まれます。

CHECK LISTS

　□　年齢にかかわりなく働き続けることができるよう、高年齢者雇用安定法では、65歳までの定年年齢引上げをはじめ、高年齢者の雇用を確保する措置が事業主に対して義務づけられている

　□　部下に接するときは、年齢に関係なく、能力や人間力に敬意を払い、相手の人格を十分に尊重したうえで、仕事を遂行するための指示をする

◆2　厚生労働省「平成31年/令和元年労働災害発生状況の分析等」
◆3　令2.3.16基安発0316第1号「高年齢労働者の安全と健康確保のためのガイドライン（エイジフレンドリーガイドライン）」

外国人雇用

《この事例で学習するポイント》

❶ 外国人の在留資格と、認められる就労活動の範囲について理解する

❷ 職場における外国人とのコミュニケーションのヒントをつかむ

《事例》

今度、外国人の部下が配属されることになりました。言葉や文化の違いがあるので、うまくやっていけるのか心配です。どのような点に注意をして、接すればよいでしょうか。

《解説》

1 基本解説

日本に在留する外国人は、入国の際に与えられた在留資格の範囲内で、定められた在留期間に限って就労等の在留活動が認められます。詳細は、法務省出入国在留管理庁ホームページ[1]を参照してください。

1) 在留資格の種類

次のような種類があります。

❶各在留資格に定められた範囲で就労が認められる在留資格

具体的には、表（次頁）に示した種類があります。

❷就労できない在留資格

文化活動、留学、短期滞在、研修、家族滞在のための在留資格には、就労が認められていません。ただし、本来の在留資格の活動を阻害しない範囲内（例えば留学生は1週28時間以内、就学生は1日4時間以内など）で、相当と認められる場合にのみ、就労が許可されます。

❸個々の外国人に与えられた許可の内容により就労の可否が決められる在留資格

　ワーキングホリデーや外交官等の家事使用人といった、特定活動（ワークキングホリデー等）でのみ就労可能です。

❹身分・地位に基づく在留資格

　永住者、日本人の配偶者等、永住者の配偶者等、定住者は、活動に制限はないため、就労可能です。

（表）各在留資格に定められた範囲で就労が認められる在留資格

外交
公用
教授（大学教授等）
芸術（画家、作曲家等）
宗教（外国の宗教団体から派遣される宣教師等）
報道（外国の報道機関の記者等）
高度専門職1号・2号（ポイント制による高度人材等）
経営・管理（企業等の経営者・管理者等）
法律・会計業務（弁護士、公認会計士等）
医療（医師、看護師等）
研究（政府関係機関や私企業等の研究者等）
教育（中学校・高等学校等の語学教師等）
技術・人文知識・国際業務（機械工学等の技術者、通訳、デザイナー等）
企業内転勤（外国の事業所からの転勤者）
介護（介護福祉士等）
興行（俳優、プロスポーツ選手等）
技能（外国料理の調理師、スポーツ指導者等）
技能実習1号〜33号
特定技能1号・2号[1]（特定産業分野の各業務従事者）

2　外国人部下との接し方（事例回答）

　異なる文化を背景に持つ者同士のコミュニケーションにおいては、まずは言葉や宗教の問題が思い浮かびますが、それ以外にも習慣や価値観など、様々な点で「違い」を感じる場面があると考えられます。日本人にとっての「当たり前」が、外国人の部下に通じるとは限りません。相手の文化を尊重しつつ、最低限、次のような点に留意して、指導をしましょう。

《用語解説》　※1　特定技能1号・2号：働き方改革の一環として、2019年4月1日に改正出入国管理及び難民認定法の施行により創設された在留資格。1号は、特段の訓練を受けずに直ちに業務を遂行できる水準の技能を持つ外国人が対象で、単純労働も含めた外国人の活用が可能。通算5年間の期間限定での就労が可能。また、2号は、熟練した技能を要する業務に従事する外国人向けの在留資格で、在留期間の更新が可能

❶あいまいな指揮命令は避け、具体的に明確に伝える

　日本語にはあいまいな表現も多いですし、主語を端折ることもよくありますので、意図した内容が伝わりづらいこともあります。例えば口頭でだけでなく、文書を利用して部下が理解しやすいよう指示するなどの工夫も大事です。

❷「イエス」、「ノー」、「どちらでもない」を明確にする

　質問に対して何も言わないと、部下は自分の都合よく考えてしまう可能性がありますので、答えは明確に示すようにしてください。なお、「イエス」、「ノー」のどちらともいえない場合には、なぜ「どちらでもない」のかを具体的に説明しましょう。

❸仕事と仕事以外の区別を明確にする

　仕事の場、仕事以外の場で、公私の区別をきちんとすることは、日本人も学ぶべきです。例えば、仕事の場でプライベートな内容の会話を頻繁にする、仕事以外の場に仕事の上下関係を持ち込み、私的な用事をさせるなどは公私の区別がついていないといえます。

　なお、外国人労働者を職場環境に慣れさせ、即戦力として活躍してもらうためには、日本のビジネスマナー等の事前研修を行うことが有効です。また上司に対しても、外国人とのコミュニケーションスキルを上げる研修等を行うことで、外国人の部下への不安を軽減することが可能です。

　外国人の部下と接する際は、上記のような点に留意しつつ、上層部に対し、研修等のサポートを要望してみてはいかがでしょうか。

CHECK LISTS

☐ 外国人は、入国の際に与えられた在留資格の範囲内で、定められた在留期間に限って就労等の在留活動が認められる

☐ 外国人労働者とのコミュニケーションにおいては、相手の文化を尊重しつつ、①あいまいな指揮命令は避け、具体的に明確に伝える、②「イエス」、「ノー」、「どちらでもない」を明確にする、③仕事と仕事以外の区別を明確にする

障害者雇用

《この事例で学習するポイント》

❶ 障害者を雇用するうえで、事業主に義務づけられている「差別禁止」「合理的配慮の提供」について、理解する

《事例》

障害者雇用枠で中途入社した部下がいます。職場の同僚には、配慮して欲しい旨を伝えていますが、見た目では障害があるとわからないためか、どう接したらよいのか戸惑っているようです。プライバシーもあるので、具体的な配慮の内容をどこまで伝えたらよいのかわかりません。上司として、どのように対応したらよいでしょうか。

《解説》

1 基本解説

1) 障害者とは

障害者雇用促進法は、「障害者」を、「身体障害、知的障害、精神障害（発達障害を含む）、その他の心身の機能の障害があるため、長期にわたり、職業生活に相当の制限を受け、または職業生活を営むことが著しく困難な者」と定義しています。

2) 障害者差別の禁止

障害者雇用促進法は、すべての事業主に「障害者であることを理由とする差別」を禁じています。禁止される具体的な措置については、「障害者差別禁止指針」[1]に定められています。

指針によれば、労働者の募集・採用について、障害者に対して障害者でない者との均等な機会を与えなければなりません。また、賃金の決定、教育訓練の実施、福利厚生施設の利用その他の待遇について、労働者が障害者であることを理由として、障害者でない者と不当な差別的取扱いをしてはなりません。

♦ 1　平27.3.25厚生労働省告示第116号「障害者に対する差別の禁止に関する規定に定める事項に関し、事業主が適切に対処するための指針」

　そして、事業主だけでなく、同じ職場で働く人が、障害の特性に関する正しい知識を取得し、理解を深めることが重要であるとされています。

3）合理的配慮の提供義務

　障害者雇用促進法は、すべての事業主に、障害の有無にかかわらず均等な待遇の確保をするため、そして、障害者である労働者の十分な能力発揮の支障となっている事情を改善するため、障害特性に配慮した必要な措置（＝合理的配慮）を提供するよう求めています。合理的配慮は、個々の事情を有する障害者と事業主との相互理解の中で提供されるべき性質のものです。

（表）「合理的配慮指針」[2]に示されている合理的配慮の具体例

①募集・採用時 ・面接時に、就労支援機関の職員や特別支援学校の担当教諭、保護者等の同席を認める ・聴覚・言語障害のある人に対し、筆談などで面接を行う
②採用後・本人のプライバシーに配慮したうえで、他の労働者に対し、障害の内容や必要な 　配慮等を説明する ・出退勤時刻・休暇・休憩に関し、通院・体調に配慮する ・業務指導や相談に関し、担当者を定める ・拡大文字、音声ソフト等の活用により業務が遂行できるようにする ・職場内の机等の配置、危険個所を事前に確認する ・本人の負担の程度に応じ、業務量等を調整する

　ただし、事業主に対して「過重な負担」を及ぼすこととなるときは、合理的配慮の提供義務はありません。「過重な負担」となるか否かについては、事業活動への影響の程度、実現困難度、費用・負担の程度、企業の規模、企業の財務状況、公的支援の有無等を総合的に勘案して、個別具体的に判断されます。

　なお、事業主は、②の合理的配慮措置を講じるにあたっては、障害者の意向を十分に尊重しなければなりません。また、雇用する障害者である労働者からの相談に適切に対応するために必要な相談体制の整備等、雇用管理上必要な措置も講じなければなりません。

2　障害をもつ部下への具体的な配慮の内容を、周囲にどこまで伝えたらよいのか（事例回答）

　障害者各自の状態や職場の状況などに応じて、障害者の具体的、合理的な配慮の内容は、多様であり、個別性が高いものです。

　上司は、1で解説した障害者雇用促進法・障害者差別禁止指針・合理的配慮指針に

---

[2]　平27.3.25厚生労働省告示第117号「雇用の分野における障害者と障害者でない者との均衡な機会若しくは待遇の確保又は障害者である労働者の有する能力の有効な発揮の支障となっている事情を改善するために事業主が講ずべき措置に関する指針」。別表に事例が掲載されているが、指針の例示は、あくまで例示であり、掲載されている以外の事例でも合理的配慮に該当するものがあることも注記されている

したがって、まず、障害者の部下と十分に話し合い、信頼関係を築いてから、合理的な配慮の内容と、同僚への伝え方を、当該障害者の納得のうえで決めることが大事です。

一目でわからなくても…

知的障害

身体障害

精神障害

同僚への伝え方は、色々あると思いますが、例えば、見た目ではわからない障害をもつ人がいることを説明したり、上司同席のもと、障害をもつ部下自身から同僚に対して、障害の内容・程度を説明し、円滑に職務を遂行するために、どのような配慮が必要なのかについて理解を求めたうえで、同席した上司から合理的配慮を促すような指導を行うことが考えられます。その際、上司は当該障害者が望んでいないプライバシーを漏らさないよう、注意が必要です。また、合理的配慮の提供が事業主の義務となっていることから、上層部に対して、同じ職場で働く人に対するフォロー（研修等）をしてもらうよう申入れをすることも考えられます。

3　障害者に対する配慮を行わない労働協約を無効とした裁判例

阪神バス事件──神戸地尼崎支決平24.4.9、大阪高決平25.5.23、神戸地尼崎支判平26.4.22

【事案の概要】

Y社の運転手であるXは、腰椎椎間板ヘルニア手術後に末梢神経障害等身体障害の後遺症が残存し、特に毎日決まった時間に強制排便をしなければならず、勤務シフトに合わせて排便をコントロールすることが困難であったため、勤務シフト等で従前配慮を受けてきました。しかし、企業の吸収分割に際し労働組合との労働協約により「運転手の乗車・降車時刻等のシフト作成に当たっては公平に各乗務員に割り当て、勤務配慮は原則として認めない」とされたため、Xはそれまで受けていた配慮を受けられなくなりました。Xは、Y社に対し従前の地位保全仮処分を申し立てました。

【裁判所の判断】

神戸地方裁判所尼崎支部は、「障害者に対し、必要な勤務配慮を行わないことは、法の下の平等（憲法14条）の趣旨に反するものとして公序良俗（民法90条）ないし信義則（同法1条2項）に反する場合がある」「勤務配慮を行わないことが公序良俗または信義則に反するか否かについては、①勤務配慮を行う必要性および相当性と、②これを行うことによるY社に対する負担の程度とを総合的に考慮して判断される」と

しました。Xの後遺症による排便障害について、排便管理には、排便周期を一定させることが最も重要であり、そのために、「Xに対する勤務配慮は、その必要性および相当性が認められ、とりわけ必要性については相当強い程度で認められる半面、配慮を行うことによるY社への負担は過度のものとまでは認められない」とし、Y社がXに対する勤務配慮を行わないのは、労働協約が公序良俗または信義則に反する余地があるとし、従前以外の勤務シフトで勤務する義務のないことを認める仮処分決定をしました。

　大阪高等裁判所は、上記労働協約を公序良俗に反し無効と判断し、Y社の保全抗告を棄却しました。その後、神戸地方裁判所尼崎支部の判決は、上記大阪高等裁判所の決定と同じく、上記労働協約を公序良俗に反し無効と判断しました。

【ここに注目！】

　この裁判は、障害者雇用促進法に事業主の合理的配慮義務が明記（2016年4月1日施行）される前のものですが、障害者への勤務配慮を行わない労使協定を「公序良俗」違反で無効としたもので、その後の障害者雇用促進法の改正法にも影響を与えたという意味で先例的価値があります。また障害者の特性に関する正しい知識を得て理解することが重要であるのは、事業主だけでなく労働組合も同じであることを示唆する裁判例であるという意味で、重要です。

CHECK LISTS

- [ ] 「障害者であることを理由とする差別」は禁じられている

- [ ] 障害者に対しては、障害特性に配慮した必要な措置（＝合理的配慮）を提供しなければならない。ただし、事業主に対して「過重な負担」を及ぼすこととなるときは、合理的配慮の提供義務はない

- [ ] 障害者の状態や職場の状況などに応じて、合理的配慮の内容は、多様であり、個別性が高い。障害者と同じ職場で働く人が、障害の特性に関する正しい知識を取得し、理解を深めることが重要である

参考文献

・江上千惠子／株式会社エス・ピー・ネットワーク　総合研究部　著『体制整備は会社の義務です！図解　パワハラ防止対策法制対応ガイド』（第一法規、2020年）

・江上千惠子　著『現場の管理職が知っておきたい女性社員の労務管理ＡｔｏＺ』（第一法規、2017年）

著者紹介

江上千惠子（えがみちえこ）

　1950年東京生まれ、1972年千葉大学人文学部卒業。大学卒業後、東京都職員、裁判所書記官を経て、1985年から弁護士。（公財）東京都人権啓発センター評議委員、東京都人権施策に関する専門家会議委員、江東区男女平等推進懇談会会長、同区法律相談・女性センター法律相談担当等。

　主な著書は『パート労働法＆雇用対策法の改正事項と就業規則』（日本法令、2008年）『わかりやすいセクシュアル・ハラスメント裁判例集』（21世紀職業財団、2014年）、『シリーズ労働基準法ケーススタディ労働時間、休日・休暇』（編集委員、第一法規、加除式書籍）、『体制整備は会社の義務です！　図解 パワハラ防止対策法制対応ガイド』（共著、第一法規、2020年）。

サービス・インフォメーション

━━━━ 通話無料 ━━━━

① 商品に関するご照会・お申込みのご依頼
　　　　　　TEL 0120（203）694／FAX 0120（302）640
② ご住所・ご名義等各種変更のご連絡
　　　　　　TEL 0120（203）696／FAX 0120（202）974
③ 請求・お支払いに関するご照会・ご要望
　　　　　　TEL 0120（203）695／FAX 0120（202）973

● フリーダイヤル（TEL）の受付時間は、土・日・祝日を除く
　　9：00〜17：30です。
● FAX は24時間受け付けておりますので、あわせてご利用ください。

管理職なら知っておかないとまずい！
労務管理テキストブック

2021年3月20日　初版発行

著　者　　江　上　千　惠　子

発行者　　田　中　英　弥

発行所　　第一法規株式会社
　　　　　〒107-8560　東京都港区南青山2-11-17
　　　　　ホームページ　https://www.daiichihoki.co.jp/

労務テキスト　ISBN 978-4-474-07267-1　C0032（8）

理解度確認テスト

部署名 _____

名　前 _____

テキストの内容を振り返って、以下の問題に〇か×で回答してみましょう。

☐	①使用者は、労働者が働きやすい職場環境を整備することが望ましい。
☐	②ワークライフバランスは、女性の「仕事と生活の調和」の実現を目指す考え方である。
☐	③時間外労働や休日労働は、労働者に割増賃金さえ払えば無制限にさせることができる。
☐	④労働契約は、労働者が使用者に使用されて労働し、使用者がこれに対して賃金を支払うことについて、労使が合意することで成立し、労働者・使用者双方に権利や義務が発生する。
☐	⑤年休を10日以上付与される労働者に対して、年5日の年休を、使用者が時季を指定して取得させることは、大企業にのみ義務づけられている。

テキストの内容を学んだうえでの感想や、さらに知りたいことなどがあれば、以下に記入してください

```



```

答えと解説は、ここから確認できます！
→ https://www.daiichihoki.co.jp/homu/roumutext/index.html